HALLO*

* zum Kamingespräch

Gegen den Strom zur Spitze

oder:
"Wer in die Fußstapfen anderer tritt,
hat nie die Chance zu überholen"

Gerd Ripp

Bibliographische Informationen der Deutschen Bibliothek:
Die Deutsche Bibliothek verzeichnet diese Publikation
in der Deutschen Nationalbibliographie; weitere
Informationen finden Sie unter http://dnb.ddb.de.

Impressum:

Herausgeber: Gerd Ripp

Ein Projekt der Kreativ-Werkstatt „schlossberg47"

Nähere Informationen unter: http://www.schlossberg47.de

ISBN-13: 978-3-8334-7777-5

© 2007 Gerd Ripp

Herstellung und Verlag: Books on Demand GmbH, Norderstedt

Satz und Layout: Stefan Niemeyer

Gestaltung Umschlag: Leszek Skurski und Stefan Niemeyer

Lektorat: Heinz Mühl und Gert E. Boness

Bilder: Stefan Niemeyer, Herbert Piel, Archiv Schloss Rheinfels

Archiv Convention International, Archiv Hotel Eisenhut,

Archiv Hotel Vier Jahreszeiten, Archiv Hotel Bareiss, istockphoto.com

INHALTSVERZEICHNIS

Gerd Ripp

„Wenn der Zeitgeist erkennbar in die Irre führt…"

VORWORT

„GEGEN DEN STROM ZUR SPITZE"
oder: „KAMINGESPRÄCHE"

... habe ich dieses Buch genannt. Natürlich bin ich dem geneigten Leser erst einmal eine Erklärung dafür schuldıg, was ich mir dabei gedacht habe oder, neudeutsch ausgedrückt, „welche Botschaft damit rüberkommen soll".

„Wenn der Zeitgeist erkennbar in die Irre führt..."

... dann brauchen wir Menschen, die anderen Leuchttürmen folgen. „Zeitgenossen", die gegen den Strom schwimmen. Die anders sind als die Masse und ihre Ostereier nicht in Supermarktregalen suchen, sondern sich jenseits ausgetretener Pfade auf ihre ganz eigene Entdeckungsreise begeben. Das ist häufig eine Zeitreise zurück in die spannende Urteilswelt des eigenen Bauches. Ein Kindertraum. Kleine Beschwerlichkeiten nehmen diese zeitlosen Wanderer dabei gern in Kauf, denn sie wissen um einen besonderen Lohn. Wenn das lineare Denken an Grenzen stößt, können Querdenker zu Hoffnungsträgern werden.

Mit einer allzu schnellen romantisch behafteten Bewertung kritischer Geister sollten wir allerdings vorsichtig sein. Abgesehen davon, dass es mühsam und anstrengend ist, gegen den Strom zu schwimmen, so ist dies nicht einmal ein positiver Wert an sich.

Denn wenn der Strom in die richtige Richtung, sozusagen dem Erfolg entgegenfließt, dann wäre es doch mehr als dümmlich, in die Gegenrichtung zu paddeln!? Nicht zwangsläufig hat die Masse Unrecht, ist der Außenseiter im Besitz der allein selig machenden Wahrheit. Die Grenze vom Querdenker zum Querulanten, vom Visionär zum Nörgler und Miesmacher ist fließend. Wir kennen das aus den Betrieben.

Andererseits sollte man sich aber der Masse auch nicht unreflektiert anschließen, denn wenn der Strom der Lemminge zur Klippe zieht, wäre es als Artgenosse in der Tat besser, auf der Pfote kehrtzumachen und sein Heil in der Gegenrichtung zu suchen.

Was den besagten Tieren offensichtlich nicht möglich ist, sollte uns, als vernunftbegabten Wesen, nicht zu schwer fallen. Wenn der Zeitgeist in die Irre führt, sollte man den Mut haben zu widerstehen, sich zu besinnen und am Bewährten festzuhalten – im geschäftlichen wie im privaten Bereich. Zugegeben, das ist nicht immer einfach.

Wer sagt uns und vor allem mit welcher Autorität, ob die einmal eingeschlagene Richtung richtig oder falsch ist? Wir sind der Überzeugung, dass es hierzu keiner großen Belehrung von außen bedarf. Im Grunde spüren die meisten von uns, vielleicht nicht immer so deutlich, manchmal nur von einem ungeten Gefühl begleitet, wohin der Trend führen wird, ob die gegenwärtige Entwicklung tatsächlich im positiven Sinne Fortschritt genannt werden kann und die getroffene Entscheidung im Lichte einer kritischen Betrachtung standhalten würde. Und doch hören die wenigsten auf ihren gesunden „Bauch" und gehen in der Regel den bequemen Weg des geringsten Widerstandes in vermeintlich guter Gesellschaft. Sie haben sich vom Zeitgeist

zertifizieren lassen, dem eigenen Zweifel ein böses Schnippchen ge-
schlagen und dabei häufig durchaus Erfolg!

Selbstverständlich verkenne ich nicht, dass der Erfolg das Maß
aller Dinge ist. Dagegen wäre im Prinzip auch nichts einzuwenden,
wenn seine Erreichung in unserer heutigen schnelllebigen Zeit nicht
immer kurzfristiger gefordert werden würde. Diese Art von Erfolg ist
mit ungesunden Opfern verbunden, mit inneren Verlusten und lang-
fristigen Irrtümern, die man meist viel zu spät erkennt. Früher hat der
Großvater noch für den Enkel geplant und gehandelt. „Da waren aber
auch die Rahmenbedingungen planungsstabiler!" – werden Sie sagen.
Vielleicht. Heute werden jedenfalls auf der nimmermüden Jagd nach
dem schnellen Tor (Erfolg) vielfach grundlegende, gewachsene und
bisher anerkannte Spielregeln nicht mehr beachtet. Deutschland sucht
den Superstar, und Geduld und Berechenbarkeit werden zu Eigenschaften aus der Mottenkiste abqualifiziert. So sind diese schnellen
Erfolge eben auch oft nur von kurzer Dauer; es sind Strohfeuer, denen
jede Nachhaltigkeit fehlt. In immer kürzeren Halbwertzeiten blüht
neues Leben aus Ruinen. Ist es immer lebenswert?

Hochwissenschaftliche Werke zum Thema Unternehmens- und
Personalführung gibt es bereits zuhauf. Dem möchte ich nichts hinzufügen. Das vorliegende Buch hat vielmehr die Absicht, in kurzwei-
liger, leicht zu lesender und verständlicher Form Menschen, die in
Entscheidungsprozessen stehen, zum Nachdenken anzuregen, sie an
einige, oft vergessene Selbstverständlichkeiten zu erinnern und sie
dazu ermuntern, dem Zeitgeist und Entwicklungstendenzen mit einer
gehörigen Skepsis zu begegnen, sich Individualität zu erarbeiten und
zu bewahren. Wenn ich gemeinsam mit meinen Gesprächspartnern,
die Menschen sind wie du und ich auf eigenen Wegen und eben keine

Superstars, den einen oder anderen Aha-Effekt erzeugen kann, dann wäre dieses Buch bereits am Ziel. Denn es ist ein einfaches Buch, eine Bilanz mehrerer „Kamingespräche". Es ist wie ein langer Abend am Lagerfeuer, bei dem sich die Altvorderen früher die Welt erklärt haben.

Jedes Kapitel habe ich mit einigen Weisheiten mehr oder weniger bekannter Persönlichkeiten garniert. Sie sind nicht unbedingt mit den beschriebenen Themen in Verbindung zu bringen, sondern sollen ganz allgemein die gedankliche Auseinandersetzung fördern oder, anders ausgedrückt: Die Kronzeugen von gestern sind die Zeitzeugen von heute.

GERD RIPP

Leo Hau
(* 1943) Küchenmeister, Diplom-Verwaltungswirt
und langjähriger Freund des Hauses

1. Die Zeit ist reif

oder:
„Die einen pflanzen ein Apfelbäumchen,
die anderen schreiben ein Buch."

GERD RIPP: „Ich gehe weder unter die Obstbauern noch sind die Zeiten bereits so schlecht, um das allerletzte Bäumchen zu pflanzen. Vielmehr bin ich einer von denen, die ein Buch schreiben wollen.

Eigentlich würde es naheliegen, meine nunmehr fast 35-jährige Tätigkeit im Dienstleistungsbereich ‚Gastronomie' und insbesondere meine Zeit als Geschäftsführer und heute Inhaber eines Hotelbetriebes quasi ab- und aufzuarbeiten – wie es ja so oft von Kollegen zu hören ist: ‚Darüber schreibe ich einmal ein Buch!' Erzählstoff gibt es nun wirklich in Hülle und Fülle; Geschichten und Anekdoten über Menschen, liebenswerte und schwierige, von ihren Stärken und Schwächen, über Intimes, Gutes und Böses, von schönen Stunden, aber auch von solchen voller Enttäuschung. Manche Begebenheiten wären mit dem Begriff ‚Pleiten, Pech und Pannen' noch vornehm zurückhaltend beschrieben.

Die Freude am Dienen und der Umgang mit dem Gast sind immer auf eine harte Probe gestellt worden. Alles in allem ein schillerndes Berufsleben.

Ein Hotel ist eine Art Theaterbühne, auf der alle Stücke des Lebens gespielt werden, eine Art Mikrokosmos, eine kleine Welt für sich.

Aber für einen Rückblick, etwa nach der Art ‚Erinnerungen eines Hoteliers' oder so ähnlich, ist es noch zu früh, insbesondere nachdem ich in 2003 überraschend vor die Entscheidung gestellt wurde, das Schloss Rheinfels – nach 21 Jahren als Geschäftsführer – käuflich zu erwerben oder gegebenenfalls nach der Übernahme des Betriebes durch einen neuen Betreiber mich anderen Herausforderungen zu stellen. Ich habe mich für den Erwerb entschieden und hoffe, dass ich in diesem ‚Schmuckstückchen' noch einige aufregende Jahre vor mir habe."

> „Das Leben ist zu kurz,
> und seine Zeit verlieren ist eine Sünde."

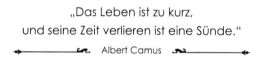
Albert Camus

LEO HAU: *„Und wieso ist die Zeit jetzt reif?"*

„Weil ich der Auffassung bin, dass der Zeitgeist in die Irre führt, will heißen: In jeweiligen Dialogen werde ich mich mit verschiedenen

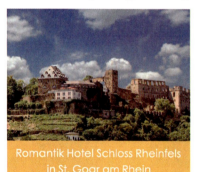
Romantik Hotel Schloss Rheinfels
in St. Goar am Rhein

Partnern, Wegbegleitern und Freunden über die Aufgaben eines Unternehmers, über die Führung eines mittelständischen Betriebes, über den Umgang mit Mitarbeitern und Gästen, über das Management und das tägliche Geschäft in der Hotellerie unterhalten; diese Dialoge – wollen wir sie

‚Kamingespräche' nennen – möchte ich zusammenfassend in einem hoffentlich gelungenen und interessanten Buch den Lesern vorlegen.

Außerdem ist es mir ein Anliegen, mir zur 25-jährigen Betriebszugehörigkeit ‚auf Rheinfels' ein eigenes Geschenk zu machen. Und vor allem all dies einmal zu sagen, was ich schon immer mal loswerden wollte!

Und wenn ich in meinen Gesprächspartnern Menschen gefunden habe, die diese Idee mittragen möchten, dann freut es mich sehr."

„Das klingt ja alles sehr gut und vor allem lobenswert, dass sich endlich einmal ein Kollege (besser gesagt: mehrere) hinsetzen und mal loslegen wollen – aber meinst Du, das alles sei besonders aufregend? Ich fürchte, die ‚Memoiren eines Hoteliers' würden eine größere Leserschar finden. Willst Du wirklich den zahlreichen Werken zum Thema Unternehmens- und Mitarbeiterführung, die bleischwer in den Regalen der Buchhändler liegen, nicht gekauft und damit nicht gelesen werden, ein weiteres hinzufügen?"

„Es ist immer noch besser, ein gutes Buch wird gekauft und nicht gelesen, als wenn es erst gar nicht gekauft wird."

 Marcel Reich-Ranicki

„Eigentlich hast Du recht! Alle Jahre wieder kommen diverse Neuerscheinungen mehr oder weniger bekannter Managementpäpste auf den Büchermarkt, die von der Kritik zum Teil arg gebeutelt werden. Meist überwiegt die Feststellung, dass es nicht viel Neues zu berichten gibt.

Das erstaunt mich nicht besonders. Im Bereich der Managementberatung wird halt viel alter Wein in neue Schläuche gefüllt, d. h. alte Thesen werden überarbeitet, mit prägnanten Schlagwörtern angereichert und in einem veränderten Gewand angeboten.

Dagegen wäre weiter nichts einzuwenden, denn dieses Vorgehen ist in vielen anderen Bereichen ebenfalls anzutreffen. Ob alt oder neu, das ist nicht das Entscheidende. Es kommt auf den Inhalt und die Aussage und damit vor allem auf die Kompetenz des Autors an. Meiner Meinung nach hat ein Buch über Managementberatung zwei grundlegende Kriterien zu erfüllen:

Da ist zum Ersten die Praxistauglichkeit.

Wie heißt es so schön: Grau ist alle Theorie. Der Grad der Anwendbarkeit und Umsetzung bestimmt den Nutzen. Die Ratgeber, bei denen es sich oft um schwere und unverständliche Kost handelt, was natürlich mit der Materie zusammenhängt, die selbst reichlich trocken ist, wenden sich in der Regel an einen ausgesuchten Kreis von Personen, Unternehmern, leitenden Angestellten, denen man ein gewisses Beratungsinteresse oder -bedürfnis unterstellen kann. Und dennoch hinterlässt die Lektüre, von Ausnahmen abgesehen, weder beim Leser noch in dessen Unternehmen nennenswerte Spuren. Man liest und geht zur Tagesordnung über. Woran mag es liegen? Sicher sind die Gründe hierfür vielschichtiger Natur. Als wesentlichste Ursache scheint mir, dass die Managementberater in ihren Büchern oft Fragen beantworten, die gar nicht gestellt wurden.

Will damit sagen, sie beraten an den tatsächlichen Bedürfnissen der potenziell Rat Suchenden vorbei.

Vorkommnisse oder Entwicklungen werden thematisiert und proble-matisiert, die in keinem Verhältnis zur tatsächlichen Bedeutung in den Betrieben stehen. Entsprechend praxisfremd sind dann auch die angebotenen Lösungen.

Hinzu kommt, dass sich die Situation unterschiedlich darstellt und daher von Unternehmen zu Unternehmen ein Spagat zwischen allgemeinverbindlicher und dennoch differenzierter Beratung erforder-lich ist, der allerdings so richtig nicht gelingen kann.

Im Übrigen sind die Probleme der Unternehmen nur in den seltensten Fällen auf eine einzelne Ursache zurückzuführen. Negative Entwick-lungen, Führungsfehler und Fehlentscheidungen reichen bis in alle Verästelungen eines Betriebes und erzeugen eine Wechselwirkung. Hier ist dann eine ehrliche und schonungslose Analyse mit Ursachen-forschung erforderlich, da sonst nur die Symptome statt der Ursache kuriert werden. Zur Ehrlichkeit einer Analyse gehört natürlich auch die Frage, ob man ein Problem hat oder selbst ein Teil eines Problems ist!

Zu den hausgemachten Problemen eines Unternehmens kommen äußere Bedingungen hinzu, die u.a. aufgrund der globalen Ver-flechtungen wenn überhaupt, dann nur bedingt zu beeinflussen sind. So hat die negative gesamtwirtschaftliche Entwicklung erhebliche Auswirkungen auf den überwiegenden Teil der Unternehmen, vor allem auf den innerbetrieblichen Frieden."

„So nach dem Motto: Harmonie kann den fehlenden Umsatz nicht ersetzen! Wenn in der Folge gravierender Ereignisse wie z.B. dem 11. September 2001 und weiterer Terroranschläge, dem Irak-Krieg

und der Vogelgrippe ganze Branchen notleidend und Massenentlassungen unvermeidlich werden, dann ist es mit dem besten Betriebsfrieden vorbei und guter Rat in der Tat teuer. Wenn sich die Frage stellt, wer bleibt oder gehen muss, ist sich jeder selbst der Nächste. Es ist auch nicht verwunderlich, wenn Mitarbeiter das Wort Fusion fürchten wie der Teufel das Weihwasser. Sie wissen nur zu gut, dass der betriebswirtschaftliche Sinn derartiger Entscheidungen in der erhofften Erhöhung der Umsatz- und Ergebniszahlen und nicht in der Zahl der Beschäftigten liegt."

„Ja, sehr richtig! Und wenn ich vorhin von der notwendigen Praxistauglichkeit von Theorien zum Thema Unternehmens- und Mitarbeiterführung sprach, so ist mir sehr wohl bewusst, dass gerade in schwierigen Zeiten den Möglichkeiten zur Umsetzung neuer Gedanken und Ideen enge Grenzen gesetzt sind oder, besser gesagt, Ratschläge nicht angenommen werden. Die entscheidenden Reformen und Veränderungen werden so oder so vom Markt erzwungen. In diesem Zusammenhang könnte der Verdacht aufkommen, es handele sich beim Gebiet der Managementberatung um eine Spielwiese unterbeschäftigter Psychologen und Soziologen, deren Elaborate im Wesentlichen aus Schönwetterweisheiten bestehen. Denen kann man sich zuwenden, wenn ansonsten die Lage ruhig und nichts Dringenderes zu tun ist. Man ist bereit zu experimentieren, mit der Maßgabe, die Angelegenheit jederzeit zu den Akten legen zu können, wenn sich ernsthaftere Probleme am Horizont zeigen.

Den Grund für diese Haltung habe ich schon genannt. Es ist schon so, dass von den Denkergebnissen der Branchen-‚Gurus' eine Lösung der auf den Nägel brennenden Probleme nicht erwartet wird. Man sieht in ihren Arbeiten mehr die geistigen Klimmzüge philosophischer

Denkschulen denn wirkliche Handlungsanleitungen für den Führungsalltag.

Trotz oder gerade wegen meiner Skepsis hinsichtlich der Nützlichkeit von entsprechenden Ratschlägen bleibe ich bei meiner Auffassung von der größtmöglichen Praxisnähe und Praxistauglichkeit als entscheidendes Kriterium für die Werthaltigkeit von Veröffentlichungen auf dem Gebiet der Unternehmens- und Mitarbeiterführung.

Es würde jedenfalls zu einer größeren Akzeptanz in der gesamten Branche beitragen. Auf der anderen Seite wäre es mitunter auch angebracht, die eigene Wichtigkeit und die Aussagen in diesem Buch für die Allgemeinheit etwas zu relativieren. Gedankliche Irrtümer und handwerkliche Fehler wären dann leichter zu verzeihen.

Und das zweite Kriterium: die langfristige Gültigkeit.

Ebenso wichtig wie die Praxistauglichkeit der in vielen Büchern dargestellten theoretischen Ansätze scheint mir deren zeitlich dauerhafte Gültigkeit. Dauerhaft bedeutet natürlich nicht ewig, aber was ist von einer heute veröffentlichten Theorie zu halten, die spätestens morgen wieder von der Schnelllebigkeit unserer Welt überholt worden ist?

Ich erinnere mich noch sehr gut an die vielen im Laufe der Jahre formulierten ‚Management by…'-Ansätze. Manche sind vergessen, manche zu Selbstverständlichkeiten geworden. Was richtig ist, hat auch Bestand.

Es ist unbestreitbar, dass auf Entwicklungen reagiert werden muss. Neue Zeiten werfen neue Fragen auf, die neue Antworten verlangen.

Wer aber immer mit der Zeit rennt, wird sich des Öfteren korrigieren müssen. Dabei ist ein „Nichts kann mich daran hindern, jeden Tag schlauer zu werden" durchaus positiv, vor allem für denjenigen, der in einem Unternehmen Verantwortung trägt. Für Branchenfachleute, die den Anspruch erheben, auf alle Fragen die richtige Antwort zu haben, muss sich die Häufigkeit von Irrtümern jedoch in Grenzen halten.

Während bei Letzteren nach einer falschen Voraussage der Vertrauensvorschuss gegen Null tendiert und die Probleme deklariert werden, diese mehr oder weniger als erledigt betrachtet werden können, haben es die Berater leichter: Sie tun so, als sei nichts gewesen, verlassen ihr einstürzendes Denkgebäude, heben ein neues Pseudoproblem auf den Schild und schreiben ein möglichst dickleibiges Buch darüber."

„Beschränkt sich Deine Kritik nur auf die schreibende Zunft oder auch auf Formen der Management- und Führungsberatung?"

„Nein, es geht mir nicht speziell um einen kritischen Rundumschlag gegen die entsprechende Fachliteratur. Ich habe in den letzten Jahren, wie viele meiner Kolleginnen und Kollegen, auch an diversen, meist hochpreisigen, hyperenergiegeladenen Motivationstrainings, Weiterbildungs- und Führungsseminaren teilgenommen. Und auch viele Vorträge mehr oder minder bekannter, oft selbsternannter Experten auf dem Sektor der Managementberatung besucht. Damals war ich noch in der komfortablen Lage, mich selbst zu den Veranstaltungen entsenden zu können, ohne aber deren Kosten tragen zu müssen. Heute als Unternehmer überlege ich mir jedoch sehr genau, für wessen Weisheiten ich mein Geld ausgebe! Denn was sich auf diesem Sektor alles tummelt, ist oft haarsträubend und mehr."

„Nun, dem pflichte ich bei. Die Erkenntnis, dass alte Binsenweis-heiten als brandheiße Neuigkeiten vorgestellt und viele Allgemein-plätzchen gebacken und feilgeboten werden, habe ich auch schon leidvoll erfahren können.“

„Wissen ist Macht, kein Wissen macht auch nichts.“

unbekannt

„Mich beschämt es heute ein wenig, dass ich damals als angestellter Geschäftsführer nicht bereit war, aus logischen und naheliegenden Gründen auf weitere Teilnahmen zu verzichten. Warum ich es nicht getan habe? Es ist nicht leicht, eine ehrliche Antwort zu geben. Vielleicht wollte ich nur zeigen, dass auch ich dazugehöre, zu den gestressten, motivations- und bildungshungrigen und -bedürftigen Hotelmanagern.“

„Neben der unerlässlichen Frage der Kosten-Nutzen-Relation habe ich mir schon immer die Frage gestellt, was erwachsene Menschen dazu treibt, sich bei den erwähnten Motivationstrainings, bildlich gesehen, wie ein Tanzbär an einem Nasenring durch den Saal ziehen zu lassen oder sich in Abhärtekursen für Manager tagelang von den Früchten des Waldes zu ernähren. Abgesehen von dem nicht zu ver-nachlässigenden Umstand, mit Gleichgesinnten für einige Zeit die tägliche Tretmühle hinter sich lassen zu können, glaube auch ich nicht an einen wirklich nennenswerten, nachhaltigen Effekt solcher Veranstaltungen. Aber vielleicht liegt in dem Abschalten und dem Herauslösen aus dem Alltag auch der eigentlich tiefere bezweckte Sinn?“

„Dies wäre dann aber auch auf andere Art und vor allem kostengünstiger zu erreichen."

„Ja, natürlich! Der Selbstzahler wird in seiner Bewertung ehrlicher sein, obwohl es auch eine Eigenart des Menschen ist, sich selbst etwas vorzumachen. Derjenige aber, der von seinem Chef zu einer derartigen Fortbildungsmaßnahme entsandt wurde, wird kaum zugeben wollen, dass es außer einem Seitensprung und alkoholgeschwängerten Abenden an der Bar des Tagungshotels nichts zu berichten gibt. Damit würde er zwangsläufig sich und seinen Mitstreitern künftig die Teilnahme an solchen vom Betrieb bezahlten Lustbarkeiten verbauen."

Manchmal sind die Stunden an der Bar länger als im Tagungsraum

„Nun übertreibst Du aber ein wenig. Du willst doch nicht alles, was mit dem Trainingswesen zu tun hat, madig machen! Von manchen Seminaren haben meine Mitarbeiter und auch ich durchaus profitieren können. Dennoch stimme ich Dir zu, wenn Du sagst, dass sich der Erkenntnisgewinn alles in allem in Grenzen gehalten hat. Daher mache auch ich für mich einen Schlussstrich – wenn man so will, bin ich auch ziemlich seminarmüde geworden. Mein Bedarf an derartigen Veranstaltungen ist gedeckt! Das klingt vielleicht etwas überheblich und arrogant, ist aber nicht ganz so gemeint. Selbstverständlich wirst Du – und wohl auch ich – weiterhin der Fort- und Weiterbildung bedürfen, aber mehr in fachspezifischen Bereichen wie z.B. der Betriebswirtschaft, dem Marketing usw. Auch muss man immer über den eigenen Tellerrand schauen und darf sich neuen Entwicklungen nicht verschließen, insbesondere jenen, die mit dem technischen Fortschritt zu tun haben. Sie sind teilweise revolutionär, wenn ich dabei an die Möglichkeiten des Internets denke und die damit verbundenen globalen Vertriebskanäle, wichtig eben auch für Kleinst- und Mittelbetriebe. Aber dazu mehr bei einem meiner nächsten ‚Kamingespräche'.‟

„Nach diesem Rundumschlag an die schreibende und trainierende Zunft – das fängt ja gut an (!) – hoffe ich, Du kannst Dich noch auf die Straße trauen! Doch noch einmal kurz zurück zu der ‚reifen Zeit': Würdest Du es unterschreiben, wenn ich sage, dass die Fähigkeit, ein Unternehmen zu führen und mit Mitarbeitern und Kunden umzugehen, immer noch auf den unverändert gültigen Grundsätzen und Werten beruht? Und über diese Werte willst Du Dich mit mehreren Kollegen unterhalten, auch wenn Du gegen den Strom schwimmen willst?‟

„Ja, insofern meine ich, dass die Zeit reif ist, reif für eine Rückbesinnung, ein Umdenken, wenn Du so willst. Ich will es einmal für mein Unternehmen in Kurzfassung so ausdrücken:

☞ Modern und fortschrittlich in der Darstellung nach innen und außen.

☞ Konservativ und traditionell in der Philosophie durch die Führungsspitze.

„Sehr wenige Menschen leben in der Gegenwart, die meisten
bereiten sich darauf vor, demnächst zu leben.“

 Jonathan Swift

Ich weiß also, was ich in die Diskussion einbringen will, verfüge über
ein Konzept, eine Zeitvorstellung sowie gute Gesprächspartner und
bin sehr gespannt auf das Ergebnis. Die kontinuierlichen Gespräche
zwischen den Dialog-Partnern und mir wird ein Buch entstehen
lassen, das sich im Interviewstil leicht und locker lesen lässt
(… wegen des Interviews kaufe ich mir in erster Linie immer wieder
den ‚Playboy‘ – haha!) und bei dem man sich ‚einbringen‘ kann;
sozusagen als Dritter im Bunde …“

„Favorite Garden“ – Berlin
im Januar 2006

Jochem Eylardi

(* 1958) Hoteldirektor im HOTEL EISENHUT in
Rothenburg o.d.T.

2. Ich habe immer daran geglaubt

oder:

"Der Stoff, aus dem die Märchen sind"

JOCHEM EYLARDI: *"Wenn Du dem Titel Deines Buches Rechnung tragen willst, sollten wir einmal festhalten, dass es eigentlich ja mehr ein Vorrecht der Jugend ist, gegen den Strom zu schwimmen. Ich erinnere mich noch gut an meine Jugendzeit, die Zeit, in der es zum guten Ton gehörte, unbedingt alles zu hinterfragen, und es bereits als ein Beweis höchsten kritischen Geistes galt, alle tradierten Werte ungeprüft über Bord zu werfen. Kennzeichnend für die Strömung dieser und der folgenden Zeit war der Vorhalt des jungen Oskar Lafontaine gegenüber dem damaligen Bundeskanzler Helmut Schmidt, dass man mit den Sekundärtugenden wie Fleiß und Pünktlichkeit etc. auch ein Konzentrationslager führen könnte. So dümmlich diese Bemerkung in dem Zusammenhang auch war, so ist sie doch nicht unrichtig. Selbstverständlich ist mit diesen Tugenden auch ein derartiges Lager zu führen, aber ohne diese Tugenden kann überhaupt nichts geführt werden, keine Imbissbude, kein Kindergarten, kein Hotel. Auch Irrtümer sind ein Vorrecht der Jugend. Man wäre froh, den größten Teil der damals gerufenen Geister wieder los zu sein. Insofern glaube ich auch, dass es an der Zeit ist, einige alte Tugenden wieder aus der Versenkung zu holen."*

GERD RIPP: "Vor einiger Zeit las ich einen Spruch von tiefer Bedeutung, der auf ein Problem hinweist, aber auch eine Lösung anbietet: ‚Wer Erfolgen auf den Grund geht, der findet Beharrlichkeit!'

Auch eine Sekundärtugend, und offensichtlich eine, die in Vergessenheit geraten ist. Beharrlichkeit ist heute nicht mehr gefragt. In dem Wort stecken Begriffe wie Geduld, Ausdauer, Zähigkeit, Prinzipientreue, auch Ernsthaftigkeit und Seriosität.

„Der Glaube hat nicht nur den Sinn, sondern auch Freude und Geduld in die Welt gebracht."

 Paul Claudel

Aber wer will heute noch geduldig sein, wer hat noch Ausdauer? Sind wir nicht allzu schnell bereit, auch bisher bewährte Prinzipien über Bord zu werfen, wenn sie sich im entscheidenden Moment als scheinbar hinderlich erweisen? Auch sind Ernsthaftigkeit und Seriosität nicht unbedingt die hervorstechendsten Merkmale unserer Spaßgesellschaft. Nein, der schnelle Erfolg muss her: Ganz schnell ganz groß, ganz schnell ganz reich. Das ist die Devise. Ist dies nicht auf normalem Wege zu erreichen, dann muss etwas nachgeholfen werden."

Risikogeschäfte der Spekulanten

„Ja, so nach dem Motto: Wenn die Zahlen nicht stimmen, werden eben die Bilanzen geschönt, Kurse wider besseres Wissen nach oben gejubelt und Scheingeschäfte getätigt. Die Banken zahlen dann ihren Analysten und Händlern Provisionen, die in ihren Höhen obszön sind. Der Börsenwert vieler New Economy-Firmen, die

aus nichts als einer Idee bestanden, auf weite Sicht keine Aussicht auf Gewinn hatten, war höher als der alteingesessener, großer Industrieunternehmen."

„Ja, Geld für die Finanzierung dieses unnatürlichen Wachstums war ausreichend vorhanden. Die Banken, bei denen man sonst für einen Kleinkredit die Hosen runter lassen musste, wetteiferten bei der Kreditvergabe und warfen alle guten Lehren über Bord."

„Und die Grundsätze eines ordentlichen Kaufmanns galten nichts mehr. Eigentlich war es vorauszusehen, dass diese Entwicklung nicht von Dauer sein würde. Ein Luftballon lässt sich nun mal nicht unendlich aufblasen. Jetzt, nachdem Milliardenwerte vernichtet sind, sich in Luft aufgelöst haben, besinnt man sich wieder auf die alten Tugenden und Weisheiten. Ein gutes Beispiel für den Umgang mit Kunden hat die Deutsche Bank gegeben. Für die kleinen Privatkunden war man sich einfach zu fein. Sie passten nicht mehr in das Bild eines so stolzen, großen und vornehmen Geldinstituts. Auf das Investmentbanking wollte man sich konzentrieren, wo das große Geld verdient werden kann. Der Handwerksmeister im Blaumann und andere Kleingewerbler gehörten nicht mehr zu dem gewünschten Umgang. So ganz wollte man sich aber dennoch nicht von diesem Kundenstamm trennen. Also wurde eine Deutsche Bank ‚light', sozusagen eine ‚Aldi-Deutsche-Bank' gegründet.

Den Kunden wurde gezeigt, wo sie hingehören. Nach dem Erwachen aus den Wunschträumen und dem Zerplatzen der Seifenblasen wurden dann wieder schnell die Wunden geleckt, immense Werte abgeschrieben und der Vorstand äußerte mit säuerlicher Mine: ‚Wir haben alle Fehler gemacht!' Ach was!"

„Die Tragik dabei ist, dass die Konsequenzen aus diesen Fehlern der arroganten Großbankiers immer nur von Mitarbeitern oder auch vielen Kleinaktionären zu tragen sind, die glaubten, etwas für ihre Alterssicherung getan zu haben.

In ganz anderer Weise habe auch ich am eigenen Leibe erfahren müssen, dass die Arroganz der ‚Großbänker' dem kleinen Mann keinen auch noch so winzigen Spielraum lässt.

„Ein Bankier ist ein Mensch, der einen Schirm verleiht,
wenn die Sonne scheint, und der ihn sofort zurückhaben will,
wenn es zu regnen beginnt."

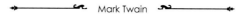 Mark Twain

Bezüglich der Finanzierung unseres Eintritts in die Selbstständigkeit haben meine Frau und ich anfangs ebenfalls große Enttäuschungen erlebt. Unbefangen, natürlich auch ohne Verhandlungserfahrungen mit Bänkern, dachten wir, der Weg zu einer Großbank wäre der richtige, um das mächtige Investment von einigen Millionen Euro finanziert zu bekommen – und dies ohne nennenswertes Eigenkapital. Sicher, man könnte sagen, dass es etwas naiv gewesen ist, nur mit gutem Leumund, einem theoretischen Konzept, viel Mut und einer Vision den roten Teppich ausgerollt zu bekommen.

Aber dennoch, die ‚Behandlung' in den Kreditabteilungen dreier Großbanken in Frankfurt war teilweise unter aller Würde. Dem Kreditchef der Deutschen Bank Frankfurt habe ich dann gesagt: ‚Sie haben noch keinen Satz meines Konzeptes gelesen, wissen nichts um das Projekt des Schlosses und wissen wahrscheinlich noch nicht einmal, wo St. Goar liegt – ich finde es eine Frechheit, wie Sie mit mir umgehen.' Punkt, Ende des Gesprächs.

„Liebst Du das Leben? Dann verschwende nicht die Zeit
und Dein Glück. Denn da ist der Stoff,
aus dem das Leben gemacht ist."
Benjamin Franklin

Mein Schlüsselerlebnis in Bezug auf unsere Finanzierung war dann gleichzeitig mein letzter Strohhalm – meine Hausbank. Diese hatte letztendlich zwar auch nicht den Mut, mit ins Boot zu kommen, gab mir aber den Tipp, zur Kreissparkasse zu gehen. Man stelle sich in der heutigen Zeit diesen Wink vor, dass eine Bank Dich zum Mitbewerber schickt!

Und hier wurde ich mit offenen Armen empfangen – ein für mich ganz neues und berauschendes Gefühl! Der damalige Direktor der Sparkasse klopfte mir bereits nach wenigen Sätzen meiner Ausführungen auf die Schultern und sagte: ,Das hört sich ja gut an, das traue ich Ihnen ohne jeden Zweifel zu, das machen wir mit Ihnen!' Und das, ohne Details, Konzepte und Pläne besprochen zu haben. Kannst Du Dir vorstellen, wie mir zu Mute war?"

2003 - Der Deal ist perfekt!

„Allerdings; wie ich mich noch gut erinnern kann, hast Du diesen ‚Sieg' dann ja auch vortrefflich ins beste Bild gerückt: die Familie auf dem Siegestreppchen. Es gab damals ja keine Branchen-Gazetten, die es nicht abgedruckt haben.

Es ist halt entscheidend, zur richtigen Zeit am richtigen Ort den richtigen Menschen zu treffen, der an Dich und Deine Sache glaubt."

„Ich glaube, es war Napoleon, der, nachdem ihm ein hoher Offizier für ein entsprechendes Amt mit hohem Lob empfohlen worden war, meinte: ‚Er mag ja ein fähiger General sein, aber hat er auch Fortune?'

Ich denke, Erfolg lässt sich nicht erzwingen. Man kann zwar seine Grundlagen legen, aber es ist halt auch wichtig, ein wenig Glück, gepaart mit besten Tugenden, mit auf die Waagschale zu legen."

„Es ist mir eine Parallele aufgefallen: Du hast in den letzten Jahren durchaus Erfolg und Fortune gehabt. Ich erinnere nur an Deine jüngsten Auszeichnungen ‚Gastgeber des Jahres', ‚Event-Hotel des Jahres', ‚Bestes Tagungshotel', um nur drei Beispiele zu nennen.

Allein mit Beharrlichkeit, Glaube und Glück sind diese Trophäen wohl nicht zu haben! Wo sind Deine Erfolgsgeheimnisse?"

„Es war ein weiter Weg bis dorthin. Ich bin besonders stolz darauf, dass die Entwicklung unseres Hauses so kontinuierlich, ohne größere Brüche, nach oben verlief. Aber auch wenn viel geleistet wurde, die Herausforderung ist immer die gleiche: Das jeweils erreichte Niveau muss gehalten werden. Einer meiner Lehrmeister hat mir folgende Berufsweisheit mit auf den Weg gegeben: 'Es ist leicht, einmal oder zu einem bestimmten Moment eine gute Leistung zu erbringen, viel schwerer ist es, dauerhaft gut zu sein.'

Obwohl ich jeden Tag versuche, daran zu denken, ist es in der Tat sehr schwer und auch der Anspruch nicht immer zu erfüllen.

Jedenfalls ist es an der Zeit für eine Rückbesinnung. Zeit für eine Hinwendung zu den alten, guten und bewährten Tugenden.

> „Nichts ist so problematisch für den Erfolg von morgen wie der Erfolg von gestern."
> — Franz Beckenbauer

Ich habe immer daran geglaubt, so gehandelt und mein Leben wird sich darin auch nicht ändern. Daraufhin führe ich größtenteils unsere Erfolge zurück.

Und auch darauf, dass wir nicht jeder Wendung folgen müssen, nicht jedem Trend hinterherlaufen und nicht ständig dabei sein, wenn in immer kürzeren Abständen eine neue Sau durch das Dorf getrieben wird. Die eigenen Fähigkeiten, Stärken, aber auch Schwächen gilt es zu

Nicht jede Sau schafft den ganzen Weg durch das Dorf

erkennen, an dem eigenen Profil muss täglich gearbeitet werden. Das ist meine Philosophie, danach habe ich mich stets bemüht zu handeln. Wenn erforderlich, auch gegen den Strom der anderen."

„Wenn Du in einigen Monaten mit Deinen ‚Kamingesprächen' zu Ende bist, werden mir wohl einige Deiner Erfolgsgeheimnisse klarer.

In einem kann ich Dir in Bezug auf ‚Glaube' beipflichten: Ohne Wissen um Deine Wurzeln, Deine Vergangenheit und um das Wissen Deiner ethischen Grundsätze ist das Leben nur fingiert. Ohne Herkunft können wir uns nicht entwickeln und vor allem keinen Fortschritt sinnvoll gestalten.

Dazu paarten sich bei mir immer die Sozialprinzipien Solidarität und Gemeinwohl. Diese Grundeinstellungen haben auch mich immer glauben lassen, das Ziel des Hoteldirektors eines Tages zu erreichen.

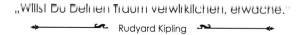

„Willst Du Deinen Traum verwirklichen, erwache."
Rudyard Kipling

Wenn ich Dein Buch mit folgender Aussage nutzen (‚ausnutzen') darf, dann verzeih mir an dieser Stelle; aber mir kommt gerade so der Gedanke, dass es hier eine schöne Plattform ist, um einmal über die Karrierechancen in der Hotellerie zu sprechen, so wie ich sie erfahren habe: Ich bin nach klassischer Ausbildung relativ schnell über die üblichen ‚Ausbeuter-Jobs' wie Assistent, Shift Leader und Night Auditor in der Position des stellvertretenden Direktors gelandet."

„Halte Dich bitte kurz mit Deiner persönlichen Biographie – und bitte, keine Namen, wir wollen ja seriös bleiben!"

„O. K., was ich aber sagen darf: Fast alle Positionen im In- und Ausland bekleidete ich in der Konzernhotellerie.

Wahrscheinlich weil noch recht jung und ‚grün hinter den Ohren', habe ich nicht gleich empfunden, dass diese Art der Dienstleistung für mich grundlegend falsch war. Mir kamen, bedingt durch täglichen Druck und immer wieder ‚das Fähnchen im Winde halten müssen', meine ideellen Werte und Vorstellungen abhanden. Dazu gesellte sich immer mehr eine stupide Schreibtischarbeit – und das sollte der Weg zum Hoteldirektor sein? Nein, und Du musst wissen, dass ich schon immer ein Traumbild meiner Karriere vor Augen hatte."

„Und das wäre gewesen?"

„Chef eines Bauernhofes mit Hotelcharakter – eher die schlichte, einfache, natürliche und ehrliche Art, mit Mensch und Natur umzugehen. Ich hätte hier meine Hobbys mit meinem Berufsbild vereinen können!"

„Wie ich das also so heraus höre, fühlst Du dich heute – wenn auch kein Bauernhof – in Deinem ‚Eisenhut' erheblich wohler und kannst vor allem deinen ideellen Werten frönen."

„Allerdings, so wie Du es eben schon einmal formuliert hast: Mit Ausdauer, Geschick und ein wenig Glück sollte man seinen Zielen entgegengehen. Hinzufügen möchte ich noch, dass ich ‚an den dort oben' glaube – nicht unbedingt als Stütze, eher als Lebensbegleitung!"

„Eine Karriere ist wunderbar, aber nichts, woran man sich erwär-
men könnte in einer kalten Nacht".

 Marilyn Monroe

„Soweit die heiligen Worte. Ich danke Dir für das Gespräch und
wünsche Dir eines Tages Deinen Traum-Bauernhof!"

„Hotel Eisenhut" – Rothenburg o.d.T.
im Februar 2006

Klaus-Peter Fiebig

(* 1954) ö.b.u.v. Sachverständiger der IHK Hagen,
selbstständiger Berater und Hoteldirektor/Geschäftsführer
im HOTEL VIER JAHRESZEITEN in Iserlohn

3. WERTE UND LEITBILDER IM UNTERNEHMEN

oder:
„Fühlen Sie in einem leeren Fußballstadion
die Emotionen von 60 000 Fans?"

GERD RIPP: „Du kennst sie sicherlich auch, die in den Unternehmen meist für Kunden, Mandanten, Gäste, Lieferanten und Patienten an sichtbarer Stelle platzierten Unternehmensleitbilder oder philosophischen Exkurse in Kurzform. Es sind meist die von der Geschäfts- oder Unternehmensführung mit Beratern entwickelten Zielsetzungen für ein positives Image der Firma und nicht die wirklichen Überzeugungen der Menschen dieser Unternehmen. Die wenigsten dieser Lippenbekenntnisse sind mit den am Erfolg Beteiligten gemeinsam und vielleicht sogar noch aus Überzeugung und mit Ehrlichkeit und Interesse an ethischen und moralischen Werten entstanden. Es wurde hier erneut ein Thema aufgegriffen, das ‚in' ist. Natürlich gibt es auch hierzu die berühmten Ausnahmen – aber ich behaupte, die meisten der sogenannten Leitbilder sind nicht echt, nicht ehrlich und nicht aus Überzeugung entstanden."

KLAUS-PETER FIEBIG: „*Das ist eine sehr pauschale Aussage, bist Du wirklich der Überzeugung, dass das so, wie Du annimmst, ist? Ich für mein Teil habe in unserem Haus, sicherlich weil es an der Zeit und auch möglicherweise ‚in' war, dieses Thema mit und in allen Abteilungen entwickelt.*

Die Philosophie der Rheinfels „in Stein"

Es sind acht Kernaussagen zu unserem Verständnis von Dienstleistung, zur Wertschätzung der Gäste und Mitarbeiter und zu unseren Zielen und Aufgaben.

Die Abteilungsleiter identifizieren sich damit, stehen dahinter und verbürgen sich persönlich dafür. Und es sind alles für jeden einfache nachvollziehbare Aussagen, wie beispielsweise:

Wir gehen mit uns und unseren Gästen fair, ehrlich und offen um.

Und wir erwarten dies auch von unseren Gästen, weil, erinnere Dich: Erst geben wir – dann erhalten wir! So ist es und so steht es: Geben ist seliger denn Nehmen! Und bis auf wenige Ausnahmen funktioniert es!"

„Philosophie ist, wenn Sie in einem Pariser Lebensmittelgeschäft mit einer Originalrede des Voltaire auf den Lippen verhungern, bevor Sie eingekauft haben."

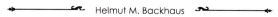

Helmut M. Backhaus

„Aber Du weißt schon, dass für jedes Unternehmen der wirtschaftliche Erfolg das Ziel der Tätigkeit ist! Und für andere, sprich: Gäste, Kunden, Lieferanten, Patienten und Mandanten, ist es ebenso – Geiz ist geil! –, und so werden die Werte aus dem Fokus geraten.

Daher stimme ich Dir zu, dass es heute wichtiger denn je ist, diese ethischen und moralischen Werte wieder zu schätzen und anzuwenden."

„Richtig, weil die Menschen auch sensibilisiert sind, wenn sie mit einem Mal nicht nur über den Austausch von Waren und Geld sprechen und fragen müssen: ‚Wieviel Prozent bekommen wir denn?', sondern als ein Teil der Gesellschaft anerkannt, akzeptiert und verstanden werden und sich auch ebenso verhalten."

„Wir haben uns in den vergangenen Jahrzehnten zu sehr angewöhnt, darauf zu achten, die Dinge richtig zu tun, anstatt die richtigen Dinge zu tun. Das erkannte und prognostizierte bereits vor hundert Jahren der Soziologe Max Weber, der eine Gesellschaft beschrieb, die nur noch den ‚Fachmenschen ohne Geist' und den 'Genussmenschen ohne Herz' kennt.

Und was haben wir heute? Fehlende Menschlichkeit, Fachidioten ohne Herz – Freude, Lust, Fun und Freizeit stehen im Vordergrund. Kein Gemeinwohldenken, aber Egoismus und Wahrnehmungs-Fehleinschätzungen par excellence."

„Ich behaupte, dass dieses Thema eines der wichtigsten unserer Zeit zu werden scheint und auch werden muss. Denn die meisten Menschen, Unternehmen, Institutionen und Einrichtungen verwechseln leider den Begriff Wertschätzung mit Wertschöpfung. Wir sollten an die erste Stelle die Wertschätzung der Natur, der Menschen, der Gesellschaft, der Unternehmen und der Kulturen stellen. Sollte dieses Thema greifen, dann wird auch Wertschöpfung möglich sein – allerdings nicht, wie gegenwärtig gewünscht, immer

schneller und mit immer weniger Aufwand! So funktioniert dieses System nicht! Alles, aber auch wirklich alles benötigt seine Zeit – und hier können wir die Natur als Vorbild nehmen.

Ich gebe Dir ein einfaches Beispiel: Wir in Iserlohn führen unsere Unternehmen ganz nach den traditionellen betriebswirtschaftlichen Grundsätzen, ich ergänze in diesem Zusammenhang, ja, aber unter Berücksichtigung der ausgewogenen Wertschätzung aller Beteiligten und deren Interessen.

Eine Entscheidung im Unternehmen, die nur unter rein betriebswirtschaftlichen Interessen getroffen wird, ist nicht gut, da sie nur eine Seite, nämlich das Unternehmen, berücksichtigt. Es fehlen die zwei wichtigen weiteren Partner in diesem Zusammenhang, die Mitarbeiter und die Kunden. Und gerade hierin liegt die Schwierigkeit: Alle Entscheidungen, die alle Beteiligten und deren Interessen berücksichtigen sollen, müssen konzentrierter und mit mehr Aufwand für die Analyse getroffen werden. Sie sind allerdings nachhaltiger für den Erfolg und das Überleben einer Kultur, einer Gesellschaft, eines Unternehmens, des Menschen und letztlich der Natur. Die Natur braucht nicht den Menschen – der Mensch braucht die Natur, also worüber reden wir? "

„Ja gut, ich gebe Dir Recht, aber wie wollen wir das denn zur Umsetzung bringen? Die gesamtwirtschaftlichen und gesellschaftlichen Rahmenbedingungen und Einflussfaktoren lassen uns nicht die erforderliche Zeit, die, wie Du behauptest, dafür ja unstrittig benötigt wird. Das ist doch ein ganz neues Problem, das nach innovativen Lösungen förmlich schreit – also wie bekommen wir folglich die zeitfressenden Anforderungen der Gesellschaft in Verknüpfung mit den erforderlichen Zeitfaktoren zum Verständnis und zur Umsetzung der ‚naturbedingten' Zeiterfordernis?"

„Ja, natürlich haben wir hier eine ‚echte Aufgabe' zu bewältigen; aber wozu schreibst Du u.a. dieses Buch – ist es nicht so, dass durch Deine Dialoge die Leser aufmerksam gemacht oder ein wenig sensibilisiert werden und die ‚eigene Wahrheit' finden werden, ohne danach suchen zu müssen? Die meisten Menschen und Unternehmen suchen, aber ohne konkret zu definieren, WAS!

Ihr WAS (das der Unternehmen) ist meist ein besseres Betriebsergebnis, sind bessere Dividenden für die Aktionäre, bessere Tantiemen oder Gewinnbeteiligungen ihrer eigenen Person oder der Vorstände, in deren Kreis sie ja sind. Beispielsweise vertreten die Gewerkschaften nicht wirklich die Interessen der Arbeitnehmer, sondern ihre eigene Machtposition gegenüber der politischen Ebene.

„Hilf anderen, falls möglich.
Falls das nicht möglich ist, füge zumindest
niemandem Schaden zu."
Dalai Lama

Und die Politiker haben mit Sicherheit nicht immer die Interessen der Bevölkerung im Fokus, sondern ihre parteipolitischen und persönlichen machtorientierten Interessen. Wie sieht es bei der Kirche aus? Welche Interessen vertritt die Kirche? Die der Gläubigen oder die wirtschaftlichen? Auf fast jeder Ebene wirst Du nicht die Interessenlage von Menschen für Menschen und für die Natur im Vordergrund erfahren – ausschließlich bei Minderheiten wird vielfach noch das menschliche Interesse berücksichtigt. Also sollten wir erst einmal anfangen, ehrlich zu sein im Umgang mit ... ALLEM!"

„Und wie funktioniert das?"

„Dadurch, dass man erst einmal die Frage nach Ethik und Moral stellt. Was ist Ethik und was ist Moral im heutigen Verständnis? Was hat sich hier verändert, oder hat sich nichts verändert?"

„Ich habe eine ganz einfache Erklärung für Deine Frage nach Ethik und Moral – hier ist sie: Ethik ist der Umgang mit den Menschen und dem Ziel, ihm nicht zu schaden. Moral ist die Basis für das eigene Muster in der Vorgehensweise."

„Hallo Gerd, Du bist auf dem richtigen Weg – wir sind in einer Einbahnstraße, aber diese Straße führt in einen Kreisverkehr und dort kann man sich neu orientieren."

> „Es gibt zwei Arten von Moral: eine, die gepredigt, aber nicht angewendet wird, und eine, die angewendet, aber nicht gepredigt wird."

unbekannt

„Also gut, probieren wir einige Möglichkeiten der Neuorientierung, um aus dem Kreisverkehr herauszukommen. Ich schlage vor, wir benutzen einmal die Straße, die da heißt: Ethik. – Ist es unter ethischen Aspekten möglich, eine Unternehmenskultur zu strukturieren?

Ethik in der Unternehmenskultur bedeutet, die beteiligten Menschen innerhalb und außerhalb des Unternehmens, also auch die Gäste und alle mit dem Unternehmen verbundenen Personen, fair zu behandeln.

Das bedeutet, dass wir hier alle doch gewaltig aufpassen müssen, um nicht nur in die innere Betrachtung und Beachtung der Grundvoraussetzungen zu verfallen, sondern gleichermaßen nach außen zu denken und zu handeln.

Zum Beispiel muss dann auch darauf geachtet werden, dass unsere Lieferanten diese Basisvoraussetzungen ebenfalls nicht nur so sehen wie wir, sondern sie verstehen und sich auch so verhalten, wie es im Sinne der Ethik unserem Verständnis entspricht bzw. entsprechen sollte."

„Einige positive Beispiele für ein unternehmerisches Verhalten und Vorbild in diesem Sinne gibt es ja bereits – hierzu fallen mir spontan Unternehmen wie Ikea, Fair-Handels-Gesellschaft, Manufactum und sicherlich noch einige andere ein. Diese Unternehmen haben für mein Verständnis das Thema konsequent im Fokus.

Und, wie deutlich erkennbar, sind diese Unternehmen nicht weniger erfolgreich als die anderen, die das Thema Ethik und Moral nicht beherrschen, wie z.B. die Kampagne-Initiatoren bzw. deren User von ‚Geiz ist geil' oder die Vertreter von windigen Kapitalgesellschaften, private equity fonds u.a.

Hier wird der immer höhere, bessere Unternehmensgewinn nach wie vor im Vordergrund stehen, und das ohne Rücksicht auf das ausgewogene Verhältnis, das ich im Dreiklang der betriebswirtschaftlichen Elemente bereits ansprach."

„Wo bleibt bei allem Fortschritt die Rückbesinnung auf echte Wertmaßstäbe, die messbar sind und belegen, dass wirtschaftlicher Erfolg und gelebte Wertkultur keinen Gegensatz bedeuten? Ist es möglich, diese erforderlichen Werte zu definieren und zu messen? Ich denke ja, denn auch Klöster arbeiten mittlerweile wirtschaftlich und erhalten trotz allem ihre Werte und ihre Wertschätzung, ob es um Vermarktung von Produkten aus Klosterrezepturen geht oder um Gesamtangebote mit Seminaren, Hotelleistungen sowie Speisen und Getränken im Kloster.

,Wenn eine Kultur fühlt, dass es mit ihr zu Ende geht, lässt sie den Priester kommen', formulierte einst Karl Kraus. So weit sind wir allerdings noch nicht!

Wir möchten hier auch nicht vom ,Untergang des Abendlandes' reden, aber darüber, wann die ,Reform-Agenda' von oben angepackt wird und nach unten getragen wird, über alle Ebenen der Wirtschaft und der Gesellschaft eine breitere Verteilung und Akzeptanz erfährt.

Eine Reform auf Rückbesinnung – die Vorbilder/Trendsetter müssen damit anfangen, maßhalten und den Unternehmen bzw. bereits in dieser Umsetzung befindlichen Personenkreisen unterstützend zur Seite stehen.

Der Auftrag geht an uns alle: Die positiv besetzten Themen in der Gesellschaft stärker fördern und darstellen. Werte, Ethik und Moral müssen nicht plakativ vorgelebt, sondern einfach nur gelebt werden. Sie bedürfen familiärer Verankerung und unternehmerischer Tugenden als Vorbild."

„Also greife ich das Kapitelthema auf. Ich kann in einem leeren Stadion die Emotionen von über 60 000 Menschen, die dieses Stadion zum Leben erweckt haben, fühlen – aber ich kann in unserer Gesellschaft nicht den Wunsch nach Wertschätzung unter ethischen und moralischen Aspekten fühlen. Weil es leider noch zu

Im Stadion zu bestehen
ist nicht einfach

wenige Menschen und Unternehmen gibt, die diese Werte leben und vermitteln. Sie sind immer noch in der Minderheit – und Minderheiten brauchen, sollten sie ehrliche Interessen wahrnehmen, Unterstützung mit aller möglichen Intensität so lange, bis diese Minderheiten wirklich die Mehrheit bilden. Und in dem Moment wird die Emotion von Ethik und Moral auch von den Minderheiten gefühlt und es wirkt auf alle Menschen innerhalb der Gesellschaft gleichermaßen positiv. Der nächste Schritt wären die Ausdehnung und die Anerkennung dieser Werte in allen Kulturen. Dann ist das Ziel erreicht."

„Das klingt gut, einfach und überzeugend. Allerdings ist mir das Thema Moral hier etwas zu kurz gekommen in unserem bisherigen Gespräch. Daher greife ich dieses Thema an dieser Stelle auf, um es, ergänzend zu den ethischen Betrachtungen und Ansichten, ebenfalls zur Berücksichtigung zu bringen. Ethik ist das Verhalten und der Umgang mit Mensch und Natur. Moral ist in meinem Verständnis die Basis in der eigenen Grundeinstellung hierzu.

Daher gehören diese beiden Begriffe untrennbar zueinander, da ohne moralische Basiseinstellung die ethische Umsetzung nicht stattfinden kann. Mit anderen Worten, ich kann diese Themen nur gemeinsam nutzen.

Ethik und Moral sind die höchsten Tugenden des freien Menschen. Sie beide bedeuten ‚Achtung und Ehrfurcht vor dem Leben'.

Mit seinem freien Willen gestaltet der Mensch seine Umwelt oder verunstaltet sie, erweitert er sein Bewußtsein oder schränkt es ein, unterstützt er die Natur und die Mitgeschöpfe oder unterjocht alles, wessen er habhaft werden kann – und somit macht er sich selbst zum Segen oder zum Fluch dieses Planeten!

„Es gibt immer mehr Straßen und
immer weniger Ziele."

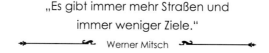 Werner Mitsch

Zukunft und Innovation ist nicht ohne ethische Grundhaltung und Besinnung auf die Gegenwart sowie auf die Vergangenheit denk- und gestaltbar. Auch hier haben Ethik und Moral in ihrem Zusammen-spiel elementare Veränderungsprozesse erfahren. Auch dieser Entwicklungsprozess kann und darf hier und heute nicht einfach gestoppt werden."

"Also lasse uns an dieser Stelle das Kapitel mit dem Zitat aus dem Bushido, einem Teil des Hagakure der Samurai, beenden":

„Der Weg ist das Ziel."

„Damit kann ich leben! Denn wir sind ja den ersten Schritt eines Weges gegangen und sind guter Hoffnung, dass die Mehrzahl der Menschen diesen Weg gleichfalls findet und beschreiten wird – auch ohne GPS.

„Hotel Vier Jahreszeiten" – Iserlohn
➤——— im März 2006

Vera Haueisen

(* 1954) Hoteldirektorin im HOTEL BAREISS in
Baiersbronn-Mitteltal

4. THE CUSTOMER COMES SECOND

oder:
„Wer möchte, dass seine Gäste in der ersten Reihe sitzen,
der muss seinen Mitarbeitern einen Logenplatz freihalten."

VERA HAUEISEN: *„Ein Satz, den ich nur unterstreichen kann. Gute und gut gelaunte Mitarbeiter bringen bessere Leistungen und sind die Voraussetzung unseres Erfolgs."*

GERD RIPP: „Ja, schon. Aber der Satz kann auch in die Irre führen, kann leicht missverstanden werden. Wer die Chefrolle darin sieht, seine Angestellten auf Händen zu tragen, also quasi den väterlichen Freund zu spielen, auf dessen Schoß alle Teammitglieder Platz und Zuflucht finden, hat schon verloren. Der Gast ist König, und dieser Maxime hat sich jedes Glied der Dienstleistungskette unterzuordnen. Nur wer diese Grundeinstellung verinnerlicht hat, ist in der Lage zu dienen."

„Ist der Begriff ‚dienen' nicht negativ besetzt in unserer modernen Zeit, in der alle Gleichberechtigung auf allen Gebieten fordern?"

„Wer in der Dienstleistungsbranche arbeitet und dienen als unwürdig oder gar herabsetzend empfindet, sollte sich besser nach einem anderen Beruf umschauen. Dienen ist in dem Falle Teil des Berufsbildes und wird ja auch entsprechend entlohnt. Diese Einstellung kann man durch ganz einfache äußere Rahmenbedingungen fördern: So haben wir bei uns im Schlosshotel die Büroräume auf ein Minimum reduziert.

Gerade in unserem Beruf gilt: Die Musik spielt am Gast!

Übrigens dient ja auch eine Hotelchefin den Gästen. Dieses Vorbild – wenn es denn überzeugend vorgelebt wird – vermittelt sich guten Mitarbeitern von selbst."

„Du meinst, man kann allein durch das eigene positive Beispiel einen Mitarbeiterstab führen? Das wäre ja sehr angenehm. Die wenigsten von uns lieben es schließlich, ständig im Kommandoton Anweisungen zu erteilen."

„Das stimmt. Es wäre natürlich für alle Beteiligten geradezu paradiesisch, wenn der Betrieb praktisch wie von selbst liefe, und das auf höchstmöglichem Niveau. Aber ganz ohne Anweisungen geht es nun mal nicht. Und die müssen sehr oft kurzfristig erteilt und auch ausgeführt werden, ohne lange Debatten über den Sinn und Zweck. Wenn ich jede Situation bis zum Ende ausdiskutieren würde, hätte der Gast schon lange das Hotel wieder verlassen.

> „Führung ist ganz einfach: Man muss nur sagen, was man will."
> — Herbert Fassbender

Im Grunde ist es für einen Mitarbeiter doch viel angenehmer, kurze, präzise Vorgaben zu bekommen, an denen er sich orientieren kann, als ständig nachfragen zu müssen, wie, wann und warum etwas gemacht werden soll. Erwartungshaltungen werden immer dann enttäuscht, wenn sie nicht klar und unmissverständlich definiert und kommuniziert werden."

„Aber wir alle wollen doch auch den kreativen Mitarbeiter, der Ideen hat, mitdenkt, selbstständig handelt. Besteht nicht die Gefahr, dieses Potenzial abzuwürgen, wenn man zu sehr führt?"

„Nichts kann den Menschen mehr stärken als das Vertrauen, das man ihm entgegenbringt."

 Tim O`Toole

„In der Tat ist es wichtig, die richtige Balance zu finden zwischen Führen und Vertrauen. Das Gefühl, bis in die kleinste Kleinigkeit reglementiert zu werden, kann die Freude am Beruf schon verleiden. Um so wichtiger scheint es mir, den Mitarbeitern als Gegenpol Möglichkeiten zu bieten, aktiv und kreativ am Betriebsablauf teilzuhaben. So gibt es für unsere Mitarbeiter ‚Sahnehäubchen-Zettel', auf denen sie Anregungen und Verbesserungsvorschläge mitteilen können. Nicht alle Vorschläge lassen sich verwirklichen. Manche sind auch einfach aus Kostengründen nicht umsetzbar. In jedem Fall aber werden bei unseren regelmäßigen Zusammenkünften alle neuen Ideen besprochen und die Gründe für eine eventuelle Ablehnung erläutert. Nur so haben Mitarbeiter Mut, auch in Zukunft Ideen und Vorschläge vorzubringen. Vertrauen entsteht dann, wenn Führungskräfte ihren Mitarbeitern Respekt erweisen."

Zwischen Leistung und Leistungen muss ein Ausgleich bestehen

„Sind aber viele Diskussionsrunden, Ideenschmieden und Deine ‚Sahnehäubchen-Runden' nicht zu zeitraubend und damit Feind höchstmöglicher Produktivität?"

„Wenn sie reiner Selbstzweck sind und nur dazu da, alle mal zu Wort kommen zu lassen, sind sie in der Tat Energievergeudung. Eine straffe Tagesordnung, die allen rechtzeitig vorher mitgeteilt wird, hilft, sinnloses Schwafeln zu unterbinden. Natürlich muss auch der Moderator dafür sorgen, dass ihm die Sache nicht entgleitet. Trotz dieser Einschränkungen halte ich solche Meetings aber für unverzichtbar. Sie stärken das Gemeinschaftsgefühl und bringen im Idealfall die Belegschaft wieder auf eine Linie – auf den Weg zum gemeinsamen Erfolg."

> „Meetings sind das Herzstück eines Teams,
> aber auch der Tod der guten Zusammenarbeit."
> — Konrad Hilton

„Was hältst Du davon, aktiv zur Motivationssteigerung des Teams beizutragen? Amerikanische Hotelunternehmen etwa setzen viel mehr auf Corporate Identity als wir Europäer – und erzielen offenbar beachtliche Erfolge damit. Dort ist die Firma eine Art Familie."

„Ich kann mir nicht vorstellen, dass meine Belegschaft zu besseren Leistungen angespornt würde, wenn wir uns alle gemeinsam regelmäßig zum ‚Square-Dance' versammeln würden. Das ist sicher auch eine Sache der jeweiligen Landesmentalität. Mein Eindruck ist, dass der uns allen vertraute Pfad der Mitarbeiter-Motivation – so wie er meist praktiziert wird – ein Holzweg ist. ‚Brot und Spiele' – gut und schön. Aber die Kekse für die Mitarbeiter sind manchmal bitter, manchmal salzig, manchmal süß!

Ich glaube, nahezu alle wissen und akzeptieren das auch. Überhaupt sollten wir die Menschen, die mit uns und für uns arbeiten, nicht unterschätzen. Viele durchschauen Motivationsspielchen und erkennen von Anfang an, was damit bezweckt werden soll. Sie fühlen sich durch solche ‚Mätzchen' veralbert, nicht ernst genommen."

„Aber erlahmt nicht die Begeisterung, wenn ich mein Team nicht anfeuere, zu mehr Leistung ansporne?"

„Ich plädiere ja nicht für den Verzicht auf Motivation. Ich bin nur überzeugt, dass man optimale Leistungsbereitschaft auch auf anderem Wege erreichen kann. Über den Stellenwert des gegenseitigen Vertrauens haben wir schon gesprochen. Der zweite Motivationsfaktor ist die Anerkennung, und zwar sowohl die persönliche als auch die fachliche Anerkennung. Die muss sich übrigens nicht immer in einem Lob zeigen. Wer Selbstverständlichkeiten lobt, entwertet das Lob an sich, trägt zu seiner Inflation bei. Fachliche Anerkennung kann ich auch durch neue Herausforderungen zeigen. Indem ich sie von meinen Mitarbeitern verlange, zeige ich, dass ich ihnen die Bewältigung zutraue, ihre Fähigkeiten hoch schätze. Es muss den Mitarbeitern Spaß machen, meine nicht ganz gewöhnlichen (aber bestimmt nicht absonderlichen) Wünsche zu erfüllen.

Und sie müssen Lösungen finden, anstatt Forderungen nach Lösungen an mich zu stellen. Selbstverantwortliches Handeln trägt maßgeblich zur Zufriedenheit im Beruf bei."

Selbstmotivation als erster Schritt

„Sollten die Mitarbeiter nicht aber auch ganz konkrete Zeichen der Anerkennung bekommen? Von Keksen allein – ob bitter, salzig oder süß – kann ja keiner leben."

„Die meisten Kollegen gehen hier dann auch meist den gemütlicheren Weg, indem sie Anerkennung mit Geld aufwiegen. Dass Geld eine ungemein belebende Wirkung hat, ist natürlich ein alter Hut. Und wenn die Produktivität hoch ist, können auch die Gehälter hoch sein. Das heißt, wenn die Mitarbeiter eines Betriebes Optimales leisten, kommt der Erfolg schließlich allen zugute. Denn der Erfolg eines Unternehmens ist die Summe der Erfolge seiner Mitarbeiter.

„Wer seine Mitarbeiter mit Erdnüssen bezahlt, muss sich nicht wundern, wenn er von lauter Affen umgeben ist."

 Klaus Kobjoll

Aber monitäre Motivation allein kann nicht das Allheilmittel sein. Es heißt nicht umsonst: Geld ist nicht alles. – Warum hat die Königin von England, die dafür bekannt ist, nicht unbedingt fürstliche Gehälter zu zahlen, kein Problem, Angestellte zu finden? Weil eine Beschäftigung im Buckingham Palace etwas bietet, das für viel Geld nirgendwo sonst zu bekommen ist: das Gefühl, an einem privilegierten Ort zu arbeiten. Und das wiederum bringt Prestige und Anerkennung – und ist zudem das beste Empfehlungsschreiben bei Bewerbungen um eine höhere Position in der Branche.

Und ist nicht das ‚Bareiss' für die Hotelwelt gleichzusetzen mit dem englischen Königshaus? Ganz sicher! Hier in Eurem Urlaubsdomizil der Spitzenklasse hört man doch förmlich den Stolz der Mitarbeiter knistern."

„Ja, diesen Satz kann ich nur unterstreichen. Und Du, als ‚alter Bareissianer' – wenn auch schon fast 30 Jahre her – hast doch sicher schon damals erkannt, dass Mitteltal im übertragenen Sinne so ein Logenplatz war, über den wir anfangs gesprochen haben.

Wenn wir gemeinsam mit unseren Mitarbeitern das Unternehmen – in unserem Fall also das Bareiss – zu einem erstrebenswerten Vorzeigeort machen, ist jeder, der daran mitgestaltet und -arbeitet, Teil des Ganzen."

„Ganz recht. Es ist ein angenehmer Arbeitsplatz – und was sonst ist ein Hotel, in dem viele Menschen gern ihren Urlaub verbringen oder sich einfach ‚mal fallen lassen' können wie in Eurem Haus? Und dies ist durch nichts zu ersetzen. Dann muss man sich auch um geeignete Fachkräfte keine Sorgen machen.

Adaptiert auf die allgemeine Hotelbranche ist es natürlich auch häufig so: Man hat endlich begabte Nachwuchskräfte gefunden, bietet ihnen die Möglichkeit ständiger Weiterqualifizierung und -bildung, macht sie zu Experten unterschiedlichen Grades auf ihrem jeweiligen Gebiet – und muss dann zusehen, wie sie abwandern. Für jeden Betrieb ist das ein enormer Wissensverlust."

„Das liegt in unserer Branche in der Natur der Sache und ist für uns ein Dauerthema. Man muss mit diesem Risiko umgehen lernen, versuchen, hoch qualifizierte Fachkräfte ans Haus zu binden. Das beste ‚Bindemittel' ist hierbei übrigens nicht das Geld, sondern vor allem ein verlockendes Angebot an Perspektiven. Eine Anstellung in einem Betrieb soll etwas Erstrebenswertes sein. – Mindestens genauso wichtig sind interessante Aufgaben und ein gutes Betriebsklima. Wichtig ist hier auch eine gute Kommunikation aller Ressortchefs untereinander und das ganzheitliche Denken. Besser ein guter Mitarbeiter bekommt eine Perspektive in einem anderen Ressort als dass ich ihn für das Haus verliere."

"Ein Unternehmen, welches eine Stellenanzeige aufgeben muss, hat den Wettlauf um die besten Mitarbeiter bereits verloren."

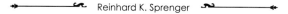 Reinhard K. Sprenger

„Nun, da gibt es ja eine ganze Palette von Möglichkeiten. Beispiel Auszeichnungen: Wir ‚auf Rheinfels' verteilen sie öffentlich, machen ein großes Brimborium darum, ganz nach der Devise Gutes tun und darüber reden. Und wenn einer meint, nicht Ausgezeichnete würden dadurch demotiviert, sage ich: Genau das Gegenteil ist der Fall. Wer Biss hat und weiterkommen will, fühlt sich durch die Erfolge seiner Kollegen angespornt, sich noch mehr anzustrengen, um sie ein- oder vielleicht sogar zu überholen. Medaillen sind meiner Meinung nach allerdings überflüssige Staubfänger. Schecks dagegen haben einen großen Vorteil: Man kann sie einlösen. Wobei ich an dieser Stelle doch nochmals feststellen: Ganz ohne Geld geht's dann wohl doch nicht!

Eine andere schöne Gelegenheit, das gute Betriebsklima immer wieder aufzufrischen und zu erhalten, sind Feiern. Erfolge (auch tägliche Sonderumsätze) sind der beste Anlass dazu. Wir ‚begießen' sie gemeinsam und freuen uns gemeinsam über das Erreichte.

Anerkennung drückt sich auch aus durch Transparenz, in allen wirtschaftlichen Zahlen. Nur wenn das Team zumindest einen groben Überblick hat, wird es willig sein, unseren gemeinsamen Weg mitzutragen. Man braucht ein gemeinsames Ziel, einen kollektiven Sinn und Zweck. Wenn man dies vermitteln kann, ist das das beste Mittel, damit sich die Mitarbeiter mit Leib und Seele einsetzen."

„Erwartet der Mitarbeiter nicht auch Transparenz im Hinblick auf seine eigenen Leistungen? Er muss doch wissen, wo er mit seiner Arbeit gerade steht, um sich noch steigern zu können."

„Genau da liegt eine unserer Hauptaufgaben. Unsere Mitarbeiter brauchen täglich neue Herausforderungen – und regelmäßiges Feedback. Sie wollen zu Recht wissen, wann sie den Gipfel – einen Gipfel des Gebirges! – erklommen haben, aber auch, welche Bergbesteigung als Nächstes in Angriff genommen wird. Sie sollten ihre Position, ihren Wert im Gefüge des Unternehmens genau kennen. Wenn ein Mitarbeiter nicht mit wenigen Worten überzeugend erklären kann, was er zum Erfolg des Unternehmens beiträgt, schmeiß ihn raus!"

„Apropos rausschmeißen: Tadel und Entlassungen zählen ja zu den unangenehmsten Seiten in unserem Geschäft. Den richtigen Ton zu treffen, wenn Kritik angebracht ist! Zu wissen, wann eine Kündigung unumgänglich ist!"

„Allerdings. Der Tag, an dem man bei Hinauswürfen von Mitarbeitern keine Gewissensbisse mehr empfindet, ist der Tag, an dem man sich selbst in Frage stellen sollte.

Dass man Tadel und Rügen – im Gegensatz zu Belobigungen – nur unter vier Augen erteilt, ist eine Selbstverständlichkeit. Schließlich sollen alle Beteiligten ihr Gesicht wahren können. Trotzdem sind Sanktionen eine echte Kunst. Ich kenne Leute (unter anderem mich selbst), denen dies so schwerfällt, dass sie die negative Botschaft in dicke positive ‚Watte' packen.

Wodurch beim Gemaßregelten der Eindruck erweckt wird, er sei mit einem blauen Auge davongekommen oder – schlimmer noch – er habe soeben eine Beförderung erhalten. Wir dürfen dem zu tadelnden Mitarbeiter gegenüber ruhig zugeben, dass uns die Kritik keinen Spaß macht. In der Sache selbst allerdings müssen wir hart und klar bleiben. Nur so wird die Botschaft verstanden – und umgesetzt."

„Wenn Sie sich an die Regeln halten, haben Sie nicht den Hauch einer Chance, Ihren Namen eines Tages eingemeißelt zu sehen."

 Hans Jürgen Heinrich

„Ich denke, man muss dabei auch unterscheiden, ob die Fehler aus Nachlässigkeit, Desinteresse oder Schlampigkeit passiert sind oder ob sie auf einem Irrtum, einem Missverständnis basieren. Die Ursachen liegen oftmals tiefer als es im ersten Moment scheint."

„Das sehe ich genauso. Chefs, die die Bedeutung von Fehlschlägen verkennen und ihren Mitarbeitern in solchen Fällen nicht den Rücken stärken, sind ein öffentliches Ärgernis. Wir erwarten Loyalität vom Team, dann muss es sich auch auf unsere Unterstützung verlassen können. Außerdem muss man dem Mitarbeiter Raum lassen für seinen eigenen Wandel, seinen Lebens- und Veränderungsprozess. Beziehungen funktionieren zwischen Menschen, wie sie sind, und nicht, wie ich sie gern hätte."

„Können Fehler nicht auch Ansporn sein, eine Sache in Zukunft besser zu machen?"

„Natürlich. Nur der Mitarbeiter, der es versteht, Misserfolge und Enttäuschungen zu überwinden und zielstrebig weiter zu handeln, wird langfristig Erfolg haben und es in seinem Beruf an die Spitze bringen."

„Genau, ein gehöriges Maß an Eigenmotivation gehört zur Professionalität und Qualität eines Mitarbeiters! Schließlich können wir nicht nach jedem kleinen Patzer in die Rolle eines lächelnden Therapeuten schlüpfen, um die angeschlagene Psyche eines Mitarbeiters zu heilen und ihn mit immer neuen Versprechungen und Prämien zum Ziel zu locken. Das Ergebnis wäre ja folglich, wenn die Führungskraft über längere Zeit ausfällt, geht gar nichts mehr ..."

„Nein, das kann unsere Aufgabe nicht sein. Es genügt nicht, geübt zu sein im korrekten Umgang mit unseren Gästen. Ein guter Mitarbeiter muss vor allem den richtigen Umgang mit sich selbst beherrschen. Erfolgreiche Mitarbeiter zeichnet vor allem die Fähigkeit aus, sich selbst immer wieder neu motivieren zu können."

Smart-Mobil der
Azubis auf Rheinfels

„Nach der Devise: Eigenmotivation ist nicht alles, aber ohne Eigenmotivation ist alles nichts?"

„Genau. Jeder soll sich ganz persönlich auf seinen Erfolg einstimmen. Dabei ist nicht die Leistung des Kollegen die ausschlaggebende Messlatte. Vielmehr sollen sich die Mitarbeiter an ihren bisherigen Leistungen messen und versuchen, diese zu toppen! So wie ein Golfspieler immer auch zuerst gegen sich selbst und gegen sein eigenes Handicap anspielt, so muss es für zielstrebige Angestellte ein erstrebenswertes Ziel sein, die eigenen Leistungen kontinuierlich zu steigern und sich selbst zu überraschen."

„Der Berufsalltag als Sport?"

„In gewisser Weise ja. Wie dort sind auch Ausdauer, Kraft und Siegeswille gefragt. Nicht zu vergessen solche Eigenschaften wie Teamgeist, Verantwortung und Disziplin."

„Wie setzt Du diese Erkenntnis praktisch um? Schließlich ist nicht jeder unserer Mitarbeiter gleichermaßen geübt in Selbstmotivation."

„Natürlich nicht. Und da sind unsere Führungsqualitäten ausschlaggebend. Ich halte nicht viel davon, Menschen über glühende Kohlen laufen zu lassen, damit sie sich selbst beweisen können, was sie mit Selbstvertrauen alles erreichen können. Meiner Meinung nach erwächst Selbstmotivation aus Sinn. Größtmögliche Transparenz im Unternehmen ist ein Schlüssel dazu. Mitarbeiter, die das große Ganze kennen und im Auge haben, können sich viel leichter selbst Ziele setzen."

"Positive Energie aus sich selbst heraus?"

„Positive Energie aus dem Bewusstsein, den Erfolg des Betriebes und damit auch die eigenen Karriere- und Verdienstmöglichkeiten beeinflussen zu können. Wenn das Geschäft optimal läuft, wird sich das auch positiv auf die Höhe der Gehälter auswirken. Indem wir jeden Job in unserem Betrieb zum Unternehmerjob machen, fordern und fördern wir unternehmerisches Handeln und Denken der Mitarbeiter."

"Wie hältst Du die Balance zwischen Einbindung in unternehmerische Entscheidung als mitgestalterisches Element und der Umsetzung Deiner – der endgültigen Entscheidung?"

„Nicht, wenn die Positionen und Kompetenzen klar definiert und abgegrenzt sind. Die Mitarbeiter arbeiten mir zu, unterstützen mich bei betrieblichen Entscheidungen, die ich dann treffe. Zugegeben: Das ist ein schmaler Grat, auf dem wir uns dabei bewegen. Mitarbeiter sollen mitgestalten, in Betriebsentscheidungen eingebunden werden, ohne die eigene Führungsposition in Frage zu stellen.

Die hierarchische Struktur eines Betriebes muß immer erkennbar bleiben. Doch eine Führungskraft ist immer nur so gut wie seine Fähigkeit, flexibel auf Situationen zu reagieren und die eigenen Kompetenzen auch zu hinterfragen.

Wenn wir es schaffen, dass sich unsere Mitarbeiter weitgehend selbst motivieren und nicht den Schönfärbereien selbsternannter ‚Gurus' glauben, dann werden wir langfristig belohnt werden durch ein kompetentes Team, das mit Verantwortung, eigenem Herzen und voller Emotion aktiv ist.

Damit haben wir einen großen Schritt in der Vorwärtsentwicklung unseres Betriebes auf dem Weg zur Spitze gemacht."

„Hotel Bareiss" – Mitteltal
im April 2006

Angelika Reinemann-Klees
(* 1949) freie Redakteurin und Journalistin,
Buchautorin sowie Kunstdozentin

5. SERVICE MIT SEELE ... UND VERSTAND

oder:
„Es gibt fünfzig Möglichkeiten, die Geliebte zu verlassen,
aber nur sechs Ausgänge aus diesem Flugzeug."
(Sicherheitsansage von American Airlines)

ANGELIKA REINEMANN-KLEES: *„Soll man den Gast – ob im Flugzeug oder Hotel – wirklich gleich auf die Fluchtwege hinweisen? Das klingt ja nicht sehr einladend."*

GERD RIPP: „Ich sehe das etwas anders. Wichtige Informationen, die der Sicherheit dienen, müssen unseren Gästen nun mal vermittelt werden, und zwar gleich zu Beginn des Aufenthaltes, damit sie im Bedarfsfall auch greifen können. Ist diese Pflicht erledigt, können sich alle der Kür, also den angenehmen Seiten, zuwenden. – Ich habe diesen Spruch von American Airlines deshalb als Einstieg in unser Gespräch gewählt, weil er wunderbar verdeutlicht, wie man Gästen selbst ernste Fakten vermitteln kann, ohne Besserwisserei und erhobenen Zeigefinger, dafür mit einer Prise Humor und Lockerheit."

„Die sich dann auf den Passagier bzw. den Hotelgast überträgt?"

„Das wäre der Idealfall. Und meistens ist es ja auch so; der Spruch ‚Wie man in den Wald ruft, so schallt es heraus' hat seine Gültigkeit nicht verloren. Ja, er trifft auf das gastronomische Gewerbe, eigentlich auf den gesamten Dienstleistungssektor, in besonderem Maße zu. Natürlich gibt es immer wieder mal eine unrühmliche Ausnahme von der Regel, aber das darf uns keine Minute von unserem eigentlichen Prinzip abbringen."

„Das da heißt ...?"

„In unserem Haus jedenfalls heißt es eindeutig Service mit Seele ... und Verstand."

„Klingt in meinen Ohren sehr sympathisch und einladend. Aber sehen das auch alle Hotelgäste so? Sind sie nicht manchmal allzu sehr fixiert auf immer noch mehr Luxus und Extravaganz? Ich kenne eine Menge Leute, für die es das Größte überhaupt wäre, einmal Urlaub im Burj Al Arab zu machen. Auch auf die Gefahr hin, dass ich jetzt so klinge wie der Fuchs, dem die Trauben, an die er nicht heranreicht, angeblich zu sauer und damit nicht erstrebenswert sind: Kein Wasserhahn aus purem Gold und keine Marmororgie kann für mich die herzliche Atmosphäre eines individuell geführten Hotels ersetzen. Ganz abgesehen davon finde ich, dass der gute Stil oft nicht mit den finanziellen Möglichkeiten mithalten kann. Guter Geschmack ist eben auch ein ständiger Kampf gegen Übertreibung."

„Ja, manchmal erinnern solche Hotelpaläste schon ein wenig an Disneyland. Natürlich gibt es für Sternehäuser einen Standard, den man halten muss. Und notfalls muss man sich auch mit Neuheiten von der Konkurrenz abheben, um bestehen zu können. Aber ich bin auch überzeugt, dass man Gäste nicht durch Prunk und Protz an ein Haus binden kann. Das mag für ein Mal verlockend sein, aber Stammgäste gewinnt man durch Werte, die sich nicht ohne Weiteres in ein Sterne-Schema pressen lassen. Herz und Seele – sie sind nicht greifbar, aber in einem Hotelbetrieb, der darauf Wert legt, um so mehr spürbar."

„Vielleicht klingt das jetzt etwas albern, aber ich finde, jeder Ho-
telbesitzer müsste mit seinen Angestellten den Film ‚Pretty Woman'
mit Julia Roberts und Richard Gere anschauen. Der Empfangs-
chef des Regent Beverly Wilshire Hotels in Los Angeles, in dem dieser
Kinoerfolg überwiegend spielt, ist für mich der absolute Inbegriff des
herzlichen Hotelangestellten."

„Seele, Seele, Seele!"

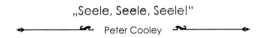
Peter Cooley

„Können Sie mir sagen, warum?"

„Da gibt es gleich mehrere Gründe: Dieser Mann behandelt die Pro-
tagonistin, gespielt von Julia Roberts, wie eine Dame, wohl wissend,
dass sie die nun absolut nicht ist. Indem er so handelt, gibt er ihr die
Chance, diesem Idealbild, dieser Vorgabe zu entsprechen.

Mehr noch: Da, wo sie an ihre Grenzen stößt, gibt er ihr diskret
Hilfestellung, ohne sie bloßzustellen. Und schließlich bringt er, dezent
und ganz ohne aufdringliche Kumpelhaftigkeit, zwei Menschen
zusammen, die ohne sein Zutun vielleicht das große Glück verpasst
hätten. Dieses Interesse am Wohlergehen, ja Glück der Hotelgäste ist
sicher nicht selbstverständlich und deshalb mehr wert als alle kalte
Pracht und jedes äußere Zeichen von Exklusivität."

„Ja, natürlich kenne ich den Film. Vielleicht wäre das wirklich
ja eine zugleich unterhaltsame und effektive Möglichkeit, dem

Team die Philosophie von seelengeführter Dienstleistungskultur ohne erhobenen Zeigefinger zu vermitteln."

„Zumal in dem Film auch das abschreckende Negativbeispiel gezeigt wird. Als die Hauptperson eine vornehme Boutique auf der exklusivsten Shoppingmeile von Beverly Hills, dem Rodeo Drive, aufsucht, um sich bekleidungsmäßig in eine Dame zu wandeln, wird sie vom Verkaufspersonal nicht nur äußerst herablassend taxiert. Man weigert sich sogar, ihr etwas zu verkaufen. Eine für mich ins Absurde verkehrte Situation: Der Kunde wird zum Bittsteller degradiert, während der Dienstleister die Königsrolle spielen will. Ich finde, in einem solchen Fall dürfte man nicht verärgert und wortlos den Konsumtempel verlassen, sondern müsste die Angestellten höflich, aber bestimmt auf ihre eigentliche Aufgabe und Position hinweisen. Nur durch entsprechende Reaktion der Kunden kann ein Umdenken erreicht werden."

„Ich finde es sehr hilfreich und erhellend, unseren Dienstleistungssektor einmal aus Gastperspektive zu sehen. Unser Ziel ist natürlich die stetige Verbesserung zum Wohle unserer Gäste, aber dafür sind wir in der Tat auf deren Feedback angewiesen. Deshalb wünsche ich mir auch den ‚aktiv zufriedenen Gast'."

„Den Begriff habe ich bisher noch nicht gehört. Was muss man sich darunter vorstellen?"

„Nun, wenn ein Gast sich nicht beschwert, wenn also seine Erwartungen, die er an den Aufenthalt in unserem Haus hatte, voll erfüllt werden, dann ist er für mich ein passiv zufriedener Gast. Er ist sozusagen ein Zufallsgast und ‚tauscht' uns bei banalster Gelegenheit

(‚Steak 1 € billiger!') aus. Passiv zufriedene Gäste können nicht sofort gute Gründe nennen, warum sie gerade heute Gast bei uns sind.

Um aktiv zufriedene Gäste zu haben, muss man schon mehr tun, als ihre berechtigten Forderungen und Ansprüche, die sie für den gezahlten Preis verlangen, zu erfüllen. Ich denke, aktive Gäste, also Menschen, die unser Hotel weiterempfehlen und selbst zu Stammgästen werden, wird man gewinnen, wenn man sie überrascht."

„Service ist Verkaufen mit Herz und Emotion …,
wir verkaufen bei uns keinen Hotelaufenthalt,
wir verkaufen Stimmung!"
Dieter Schenk

„Wie kann so etwas aussehen? Gibt es dafür ein Rezept?"

„Ein Rezept gibt es dafür nicht. Aber unverzichtbare Zutaten zum Gelingen sind sicher Interesse am Gast und das Wissen um seine Vorlieben und Gewohnheiten. Daraus dann überraschende Aktionen zu kreieren ist eine wunderbare Aufgabe und zählt sicher mit zu den schönsten Seiten unseres Berufs."

„Können Sie mir ein Beispiel für eine solche gelungene Überraschungsaktion nennen?"

„Ja, da fällt mir spontan eine nette Geschichte ein. An einem schönen Nachmittag saß ein langjähriger Stammgast auf unserer Hotelterrasse und führte ein wohl sehr wichtiges Gespräch mit einem seiner Kunden, der sich für die Dienste seiner Maklerfirma interessierte, also ein äußerst wichtiger Geschäftstermin mit einem hochkarätigen Geschäftsmann und in der Hoffnung, diesen als Kunden gewinnen zu können.

Nach der Überreichung der Speisekarte vertieften sich beide in die Auswahl. Auf einmal äußerte sein Gegenüber ‚Mmmm, die haben sogar flambierte Erdbeeren mit grünem Pfeffer', die er jedoch trotz ‚Mmmm' nicht bestellte. Das Gespräch verlief angeregt und harmonisch – wenn auch noch ohne Abschluss. Hier erfährt die Geschichte ein – vorläufiges – Ende. Soweit nichts Besonderes.

Etwa sechs Wochen später kam dieser gleiche Kunde unseres Stammgastes ganz privat wieder in unser Haus und bekam von unserem Oberkellner, der sich die Äußerung von den Erdbeeren von vor sechs Wochen gemerkt und in unserem ‚Sahnehäubchen-Archiv' notiert hatte, ohne Aufforderung zwei kleine Portionen nebst Willkommenstrunk serviert. Eine gelungene Überraschung, die mit Begeisterung aufgenommen wurde.

Wiederum einige Tage später sprachen wir mit unserem Stammgast über diesen Besuch seines Kunden und offerierten ihm die Idee, diesen doch einmal zu seinem Geburtstag mit einer außergewöhnlichen Idee zu überraschen. Natürlich wussten wir, dass unser Stammgast diesen Kunden unbedingt gewinnen wollte. Und natürlich erinnerte er sich als guter Zuhörer auch noch an die Vorliebe seines Kunden für Erdbeeren mit grünem Pfeffer.

Um es kurz zu machen: Nachdem wir das Geburtsdatum über unsere Feedback-Bogen herausgefunden und durch die Sekretärin erfahren hatten, wann ihr Chef in seinem Büro gestört werden durfte, fuhren unser Ober-kellner und unser Stammgast mit dem Hotelbus, bepackt mit Flambierwagen und allen Utensilien, zum Büro und über-raschten das Geburtstagskind mit einer ebenso köstlichen wie außergewöhnlichen Schlemmerei. Der Verblüffungseffekt war gigantisch – und führte schließlich zu der gewünschten Geschäftsverbin-dung. So gab es durch eine verblüffende, mutige und kreative Kundenbindungsidee ein Happy End für alle Beteiligten."

Oberkellner "Abdel" - im Barock-Kostüm

„Ein ausgezeichnetes Hotel ist nicht identisch mit einem ausgezeichneten Budgetplan. Ein ausgezeichnetes Hotel verblüfft, erstaunt und ermuntert."

Tom Peters

„Wie im Hollywoodfilm eben. Oder wie im Paradies, wo Wünsche erfüllt werden, kaum dass man sie ausgesprochen hat. – Was mich daran besonders beeindruckt, ist das selbstständige, souveräne Handeln des Oberkellners. Das geht doch nur, wenn der Chef seinen Angestellten einen gewissen Handlungsspielraum einräumt?"

„Genau. Service mit Seele bedeutet auch: Es muss ‚menscheln'. Und die Seele unseres Hauses sind unsere Mitarbeiter. Es gilt, der Grundaussage ‚Jedes Glied einer betrieblichen Wertschöpfungskette muss einen substanziellen Beitrag zum Ergebnis liefern' den zweiten Grundsatz hinzuzufügen: ,Nur mit Herz und Seele vermag man einen dienenden Beruf auszuüben'; sprich: zum Erfolg beitragen."

„Also eine Abkehr vom rein ökonomischen Denken?"

„Wir sprechen ja von ,Service mit Seele und Verstand'. Der ökonomische Aspekt darf also keinesfalls außer Acht gelassen werden. Schließlich muss der Betrieb meine Mitarbeiter und natürlich auch mich und meine Familie ernähren.

Und darüber hinaus muss ein gewisser finanzieller Spielraum für Investitionen bleiben. Aber ich bin auch überzeugt, dass ein rein wirtschaftlich orientiertes Haus, das glaubt, auf Werte wie individuelle Zuwendung und Menschlichkeit verzichten zu können, ein Auslaufmodell ist. Die Ethik, die Werte eines Unternehmens, die Moral und somit die gesamte Wertschätzung von Mensch zu Mensch sind meiner Meinung nach unverzichtbare Voraussetzung für gute Mitarbeiter, die Service mit Seele beherrschen."

„Eine große und anspruchsvolle Aufgabe, alle Mitarbeiter auf diese Linie einzuschwören – und vor allem: sie auf dieser Linie zu halten."

„In der Tat. Wir streben eine neue Kompetenz an, die weit über das übliche Leistungsspektrum hinausgeht:

EINE PERSÖNLICHE DIENSTLEISTUNGSKULTUR

Will heißen: Jeder Mitarbeiter sollte sich zu einer beeindruckenden Dienstleistungspersönlichkeit entwickeln. Mit der Voraussetzung, dass eine hohe Service- und Dienstleistungsqualität insbesondere auf der richtigen Einstellung beruht."

„Solchen Dienstleistungspersönlichkeiten begegneten wir wieder einmal bei unserem letzten Sylt-Urlaub. Der obligatorische Abend in Deutschlands berühmtester Strandhütte, dem ‚Sansibar', verblüffte uns erneut durch seinen unverändert freundlichen, zuvorkommenden Service ohne Standesdünkel oder Klassendenken. Obwohl über einem der bestbestückten Weinkeller des Landes errichtet und mit einer Promidichte gesegnet, um die manches Sternehotel das ‚Sansibar' beneiden dürfte, ist dieses Restaurant für mich einer der demo-

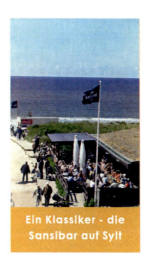

Ein Klassiker - die Sansibar auf Sylt

kratischsten Dienstleistungsorte Deutschlands. Denn hier fühlen sich alle gleichermaßen willkommen: Erwachsene wie Kinder, mit oder ohne Hund, Prominente wie Unbekannte, Reiche wie Normalverdiener. Als ich mir dort zum Dessert die ‚Sansibar-Trilogie' bestellte, während mein Mann nur Espresso und Aquavit orderte, fragte der sehr jugendliche, unglaublich sympathische Kellner: ‚Mit einem Löffel oder mit zwei?' Eine kleine Geste nur, die aber besagt: Wir tun alles, damit Sie sich hier wohl fühlen."

„Ja, ich stimme Ihnen zu. Genauso sollen auch unsere Mitarbeiter auf-treten."

„Zu einem perfekten Mitarbeiter wird man aber nicht über Nacht?"

„Natürlich nicht. Übrigens vermeiden wir auch den Begriff ‚perfekter Mitarbeiter‘, denn dies würde ja unterstellen, dass er sich nicht mehr weiter entwickeln muss. Für seine Eigenmotivation wäre das eher schädlich."

> „Heute wird wahr, worüber lange nur gelästert wurde:
> Der Mensch steht tatsächlich im Mittelpunkt."
> Reinhard K. Sprenger

„Also gilt hier: Der Weg ist das Ziel! Der Weg zur Perfektion?"

„Gegenfrage: Ist Perfektion eigentlich erstrebenswert? Oder ist es nicht eher so, dass das Streben an sich der eigentliche Gewinn ist? Jede Weiterentwicklung heißt dann: Zugewinn an Lebenserfahrung."

„Wie sehr bemerken bzw. wertschätzen die Gäste diese kleinen, aber feinen Unterschiede im Service mit Seele?"

„Wenn ein Gast größten Wert auf Leistung und Qualität legt und dieser Anspruch voll erfüllt wird, dann bestimmt diese Leistung (also das Ambiente, der Service, das Essen, der Wohlfühlfaktor) 50 Prozent seiner Zufriedenheit, und 50 Prozent beziehen sich auf die Sympathie, die ihm entgegengebracht wird. Es ist doch so, dass der Gast Professionalität voraussetzt und sie unter Umständen nicht mal als etwas Besonderes empfindet.

Also: Zufriedenheit reicht nicht aus. Zufrieden ist nicht zufrieden genug – erst der Mensch macht den Braten fett."

„Das besondere Etwas während des Aufenthaltes. Also reden wir über die erwähnten ‚Sahnehäubchen'?"

„Genau. Unser Team hat da einige schöne Ideen gesammelt, die demnächst umgesetzt werden sollen. So haben wir eine Servicetradition wieder aufleben lassen, die früher zum Standardprogramm jedes guten Hotels zählte: den Schuhputzservice. Die Gäste stellen ihre Schuhe abends vor die Zimmertür und finden sie morgens frisch gebürstet und poliert wieder.

... saubere Überraschung am Morgen

Die oftmals nüchtern und stereotyp gefassten Weckrufe wollen wir in Zukunft noch wesentlich freundlicher gestalten, etwa: ‚Guten Morgen, Herr/Frau ... es ist jetzt 8.30 Uhr – es erwartet Sie ein wunderschöner Tag.'!

Eine willkommene Sommerüberraschung bereiten wir unseren Top-Tagungskunden, indem wir sie an einem heißen Tag in deren Firmen (natürlich nur nahe liegenden) besuchen und ihnen aus unserem ‚Gelati-Bauchladen' Eis im Hörnchen bieten.

Sehr gut gefällt mir auch der Plan, in einem dekorativen und eigens dafür bestimmten Schrank ganz unterschiedliche ‚Fritzchen', also Kuschel- oder Schmusekissen, vorrätig zu halten, aus denen der Gast sein Lieblingsmodell wählen kann. Eine Geste, die unseren Gästen den Aufenthalt noch heimeliger werden lässt."

Kuschelkissen
"Auf Rheinfels"

„Kleine Kuschelkissen – wirklich eine reizende Idee. Vielleicht könnte man sie noch mit einer kleinen Innentasche für verschiedene Duftkräutersachets versehen, die das Kuscheln noch angenehmer machen? Hotelanonymität ade. Da kann man sich als Gast ja fast wie zu Hause fühlen."

„Ja, aber nur fast. Ich glaube nicht, dass jemand einen Hotelaufenthalt bucht, um sich dort wie zu Hause zu fühlen. Dann könnte er ja auch gleich zu Hause bleiben. Unsere Gäste sind nicht Udo Lindenberg, der im Hotel Atlantic in Hamburg auf Dauer wohnt und damit sicher die Ausnahme von der Regel ist. Ich denke, die Mehrzahl der Gäste erwartet gerade das Andere, das Ungewohnte – das, was sie im Alltag zu Hause eben nicht hat."

„Stimmt. Der Rundum-Service, die aufwändiger zubereiteten und servierten Mahlzeiten, die kleinen Extras machen ja schließlich den Hotelaufenthalt so reizvoll. Vielleicht wäre das Motto der Fußball-WM 2006 passender: ‚Zu Gast bei Freunden'. Ich bezahle zwar eine Dienstleistung, möchte mich aber über diese käufliche Leistung hinaus willkommen wie ein langjähriger Freund fühlen. – Dieses Gefühl stellt sich aber doch nur dann ein, wenn der eigentliche Gastgeber, in dem Fall der Hotelchef, präsent ist. Nicht umsonst sind auf Kreuzfahrten die Kapitänsdinner so beliebt. Und nicht umsonst gilt es dabei als besondere Ehre, am Tisch des Kapitäns Platz nehmen zu dürfen."

„In einem funktionierenden, eingespielten Team sollte der normale Betrieb auch dann reibungslos laufen, wenn der Chef mal abwesend ist.

Natürlich werde ich bei besonderen Events, bei hochkarätigen Veranstaltungen in unserem Haus zur Stelle sein und auch das eine oder andere Wort sagen.

Meine eigentliche Aufgabe sehe ich allerdings darin, eine Vertrauensbasis und damit ein emotional stimmiges Umfeld zu schaffen, in dem meine Mitarbeiter ihre Fähigkeiten optimal entfalten und ihre Leistungen kontinuierlich steigern können. Nur wenn sie sich des Rückhaltes durch den Chef sicher sind, werden sie auch den Mut haben, selbst kreative Ideen zu entwickeln, umzusetzen und sich selbst zu motivieren.“

„Der perfekte Chef als Leitbild?“

„Auch Chefs sind selten perfekt. Viele neigen sogar dazu, sich besser einzuschätzen, als sie in Wirklichkeit sind.

Vielleicht einfach, weil sie selten offen kritisiert werden, also ein natürliches Regulativ fehlt. Verschlossenheit gegenüber anderen Meinungen macht blind für eigene Defizite. Offenheit ist deshalb der zentrale Grundsatz in einem Unternehmen.“

„Bei all den Bestätigungen und Auszeichnungen, die Sie für Ihre erfolgreiche Arbeit erhalten haben, müssen Sie dem Idealbild vom perfekten Chef aber doch ziemlich nahekommen? Können Sie verraten, was Sie anders gemacht haben als viele Konkurrenten?“

„Ich will nicht die Arbeit anderer beurteilen und kritisieren, sondern mich lieber auf die Werte besinnen, die ich für die Voraussetzungen für einen nahezu perfekten Chef halte:

MENSCHEN MÖGEN UND WERTSCHÄTZEN.
OFFEN UND EHRLICH MIT MENSCHEN UMGEHEN.
GLAUBWÜRDIG UND SOMIT VORBILD SEIN.
VERTRAUEN HABEN UND ES BEI ANDEREN BILDEN.
FÜR DIE SACHE LEIDENSCHAFTLICH ‚BRENNEN'.

„Die Demokratie in einem Betrieb darf allerdings nicht so weit gehen, dass die Mitarbeiter darüber abstimmen, wer der Chef ist."

 Gerd Ripp

Wenn dies vorgelebt wird, ist das die beste Voraussetzung für einen leidenschaftlichen, seelenführenden Service am Gast!"

„Auf Rheinfels" – Sankt Goar
im Mai 2006

Gert E. Boness

(* 1934) Fachjournalist, Redakteur, Berater und
Mitherausgeber des Buches „Die besten Tagungshotels
in Deutschland" (Haufe Fachmedia/Gabal)

6. Die kleinen „Ärgerer"

oder:
„Kill them before they do it!"

Gert E. Boness: *„Herr Ripp, so wie die Rheinfels majestätisch auf dem Felsen hoch über dem Fluss thront, stellt man sich als Kind ein Märchenschloss vor. Und auch die Erfolgsgeschichte des Hotels und besonders seines ‚Machers' hört sich märchenhaft an. Gab es nie Zweifel an der Entscheidung für dieses Mammutprojekt, keine größeren Pannen, keine unliebsamen Zwischenfälle?"*

Gerd Ripp: „Unsere Gäste sehen nur das Märchenschloss – und so soll es ja auch sein. Doch in jedem Märchen gibt es Gute und Böse, haben die Helden Gefahren zu bestehen und Widerständen zu trotzen. Ich war nicht so naiv, anzunehmen, dass alles glatt und problemlos laufen würde. Aber die Dauer, Intensität und oft auch Unsinnigkeit der Widerstände – vor allem in der Planungsphase unseres Bauvorhabens – haben mich dann doch überrascht und beinahe mürbe gemacht."

„Darf ich mal raten? – Ihre Widersacher – das waren die Behörden und Gesetzestreuen?"

„Volltreffer. Ja, jeder Häuslebauer kann sicherlich sein ganz persönliches Lied davon singen. Und wenn man ein größeres Objekt plant, kann daraus auch schon mal ein ‚kompletter Liederabend' werden. In meinem Fall würde es für eine ganze Oper reichen – mindestens.

Nachdem ich mich in den ersten Kamingesprächen ausführlich mit den Werten, Tugenden und Leitbildern unserer Gesellschaft und hier vornehmlich mit dem Dienstleistungssektor auseinandergesetzt habe, möchte ich nun im zweiten Teil meiner ‚Gerd Ripp trifft ...-Dialoge' die ‚harten' Fakten einer Betriebsorganisation in den Fokus rücken. Es ist mir eine große Freude, dass ich Sie für diesen kleinen Exkurs gewinnen konnte. Sie als ‚alter Journalistenhase', der die Branche sozusagen ‚aus dem ff' kennt und ihr seit vielen Jahrzehnten dienlich zur Seite steht, scheinen mir der ideale Sparringspartner zu sein. Ich bitte schon jetzt um Nachsicht, falls die Schilderung meiner Erfahrungen aus der über acht Jahre dauernden und erst kürzlich beendeten Bau- und Umbauphasenzeit sehr ausführlich gerät und Sie vielleicht stellenweise in die Rolle des bloßen Zuhörers schlüpfen müssen."

„Nur zu, denn ich kann mir vorstellen, dass man aus Ihren diesbezüglichen Erzählungen einiges lernen kann.

Also in medias res: Was gab den Ausschlag zur Erweiterung der Anlage auf den heutigen Stand?"

„Im Jahr 1995 gerieten wir in einen Engpass. Wir mussten dem mittlerweile erreichten hohen Qualitätsniveau unter anderem auch durch deutliche Aufstockung unseres Mitarbeiterstabs Rechnung tragen. Diese Kräfte wollten wir nicht jedes Jahr in den schwachen Herbst- und Wintermonaten größtenteils entlassen, sondern suchten nach alternativen Geschäftszweigen, die auch in den schwachen Tourismusmonaten am Rhein greifen konnten. So kam der Gedanke an eine Erweiterung des Schlosshotels auf."

„Die alte Geschichte: Not macht erfinderisch."

„Genau. Schnell waren die Gedanken geboren:

FÜR EIN NEUES TAGUNGSKONZEPT.
FÜR EINE NEUE WELLNESSANLAGE.
FÜR DIE ERWEITERUNG DER GASTRONOMIE.
FÜR EINE WEITERE AUSSENTERRASSE.

Nach einer relativ kurzen Findungs- und Ideenphase beauftragten wir ein Architektenteam aus München, die Bauantragsplanung in Angriff zu nehmen. Vom Erstgedanken bis zur Einreichung dieser Unterlagen vergingen nur sieben Monate."

„Ich ahne es bereits: Ab dem Zeitpunkt begann endloses Warten?"

„Ab dem Einreichungsdatum – im Mai 1996 – hat es genau fünf Jahre und acht Monate bis zur ersten Baugenehmigung gedauert!"

„Unglaublich, man hört den Amtsschimmel förmlich wiehern ...!"

„Das hätte ich vorher auch so gesehen. Inzwischen weiß ich es besser. Selbst die schwarzseherischsten Erwartungen werden – jedenfalls nach meinen Erfahrungen – von Behörden und allen möglichen Organisationen und Bedenkenträgern meist um ein Vielfaches übertroffen."

„Dabei sollte man doch im ‚Formular-Paradies' Deutschland, wo nahezu jede Kleinigkeit durch ein gesondertes Erhebungsblatt erfasst wird, erwarten können, dass nach gewissenhaftem Studium und Ausfüllen dieser Papierflut keine Fragen und Unklarheiten mehr bleiben dürften."

„So sagt es uns der gesunde Menschenverstand. Und in diesem guten Glauben haben wir die Ausführungsunterlagen 24-fach mit jeweils ca. 120 DIN-A4-Seiten ausführlicher Beschreibung und jeweils ca. 30 verschiedenen Architekturplänen, die die üblichen Verordnungen vorsahen, wie Brandschutz, Gewerbekonzession, Statik, Bauaufsicht und mehr, eingereicht."

„Bürokratie ist nichts anderes als eine gut organisierte Seuche."

Cyril Northcote Parkinson

„Ich muss nicht mehr raten: Es war nicht genug?"

„Natürlich nicht. Und im Grunde hatten wir auch nicht erwartet, dass alles ganz glatt über die Bühne gehen würde. Schließlich hat wohl jeder in seinem Bekanntenkreis Personen, die Aberwitziges zum Thema Bauplanung und -durchführung zu erzählen haben.

Wir waren also durchaus darauf vorbereitet, dass wir einige Hürden bei der Denkmalpflege, der Stadt St. Goar, dem Kreisbauamt und der Verbandsgemeinde würden überspringen müssen, und hatten uns auf einen langen und schweren Weg bis zur Realisierung eingestellt."

„Der dann wohl etwas länger wurde als geplant?"

„Das ist leicht untertrieben. In Wahrheit dehnte er sich ins schier Unendliche. Man hatte mehr als einmal das Gefühl, das Licht am Ende des Tunnels sei nur leerer Wahn und würde nie erscheinen. Allein die Abstimmungszeit über das Projekt dauerte gute drei Jahre!"

„Eigentlich kaum nachvollziehbar. Man stellt sich das als Außenstehender doch ganz einfach vor: Alle erforderlichen Unterlagen liegen vor, ein Gremium tagt, stimmt ab – und fertig."

Beginn des Neubaus auf den Kasematten der Burganlage

„So könnte es auch gehen – wenn nicht immer wieder neue Unterlagen und Anschauungshilfen nachgefordert würden. Das reichte vom Hubschrauber-Animationsplan über Modelle (bitte noch ein Modell hiervon ... und bitte noch ein Modell davon ...) bis hin zu 14 Ortsterminen, entsprechenden Protokollen, vier Ordnern mit Schriftsätzen, etlichen Behördengängen, Stadtratssitzungen usw. Allein die Ortstermine verzögerten den Fortgang ungemein. Glaube keiner, solche Treffen seien mit unseren deutschen Beamten problemlos zu terminieren."

„Willst Du Butter von den Behörden,
schicke Sahne auf den Dienstweg."
Gerd Ripp

„Man muß sich fragen, ob die Erbauer der Burg Rheinfels im Mittelalter mit ähnlichen Schwierigkeiten zu kämpfen hatten."

„Das bezweifle ich. Sie hatten wohl allenfalls mit Rivalen zu kämpfen. Hätte es damals schon dieses Gebirge an Behördenhindernissen gegeben, hätte das Weltkulturerbe Mittelrhein wohl einige Burgen weniger."

„Das wäre wirklich ein Jammer. Man mag es sich kaum vorstellen. Eigentlich müssten die verantwortlichen Behörden doch froh sein, wenn diese einmaligen Bauten mit neuem Leben erfüllt und so auch für unsere Nachfahren erhalten werden. Wer sollte denn sonst die ungeheuren Kosten für all diese herrlichen Kulturdenkmäler aufbringen, wenn nicht Privatleute mit Kreativität und Mut zu solchen Investitionen?"

> „Viel Unheil bei den Alternativen entsteht durch die, die Muskeln spielen lassen, jedoch keine haben und sich eher durch Müsli ernähren."

 Bernd Maurer

„Sollte man meinen. Immerhin sprechen wir hier über eine Gesamtinvestitionssumme von ca. drei Millionen Euro – fast zu 100 Prozent fremd finanziert. Davon verschlang das Planungs-, Genehmigungs- und Behördenchaos allein ca. 0,8 Millionen Euro. Wenn man als Geschäftsmann nicht einen langen Atem hat für diese unendlich lange Genehmigungszeit und wenn man nicht das erforderliche Nervenkostüm besitzt, kann einen solch ein Mammutprojekt an den Rand des Abgrunds bringen – finanziell wie menschlich."

„War denn nach der Abstimmungsphase endlich Ruhe?"

„Wenn man lange genug sucht, findet man immer neue Probleme, die in unserem Fall die eigentliche Bauphase nochmals weitere zwei Jahre hinauszögerten.

So verlangte man von uns zusätzlich:

EINEN ‚LANDSCHAFTLICHEN BEGLEITPLAN',
EINEN ‚BIOSPHÄRENPLAN',
EINEN WEITEREN PLAN ZUM SCHUTZ VON FLORA UND FAUNA
– hier insbesondere Pläne der Genehmigungsvereine

‚FLEDERMAUSSCHÜTZER'
‚FLECHTENSCHÜTZER'
‚MOOSSCHÜTZER' "

„Ich wusste gar nicht, dass es dafür spezielle Vereine gibt."

„Ja, mir waren diese Organisationen bis dahin auch unbekannt. Was – wie ich im Nachhinein weiß – ein Fehler war. Wäre ich über die Aktivitäten dieser Vereine vorher informiert gewesen, hätte ich gewusst, was mich bei den Besuchen von Vereinsmitgliedern erwartet."

„Was genau wurde denn von dieser Seite beanstandet?"

„Der eigentliche Neubau (Terrassenanbau + Veranstaltungsraum + fünf Hotelzimmer) sollte auf die vorhandenen Ruinen der alten Katakombe gesetzt werden.

Genau dort aber wohnte ein zumindest in Deutschland unantastbares Geschöpf, ein ‚Graues Mausohr'."

Ob sie wusste, welche Probleme
sie verursacht hat?

„Eine Fledermaus?"

„Ja. Ein Fledermausschützer eines eingetragenen Vereins aus Hamburg hörte von unserem Vorhaben und legte Protest ein. Er vertrat die Meinung, dem Mausohr sei ein Umzug keinesfalls zuzumuten. Dass ein Jungunternehmer wie ich, der viel Zeit, Geld und Nerven investiert hatte und Arbeitsplätze schuf, kurz vor dem Ruin stand, interessierte nicht im Geringsten. Ich bin Tierfreund und liebe und respektiere die Natur, aber in diesem Fall war in meinen Augen die Verhältnismäßigkeit der Mittel überhaupt nicht gewahrt."

„Vorschriften sind wie Bücher einer Bibliothek:
Die am wenigsten brauchbaren
sind am höchsten platziert."
Thomas L. Masson

„Und wie hat man sich schließlich geeinigt?"

„Nun, ich weiß nicht, ob man von einer Einigung sprechen kann. Als der Fledermausschützer zu einem erneuten Ortstermin erschien, hatte sich das Graue Mausohr – wohl genervt durch den regen Betrieb auf dem Gelände – ein anderes Domizil gesucht. Wäre das Mausohr geblieben, hätte es uns noch einigen Ärger bereiten können."

„*Den es, wie ich vermute, dann mit den Flechten- und den Moos-schützern gab?*"

„Genau. Dank deren Aktivitäten bin ich nun bestens informiert: Weltweit gibt es 38 verschiedene Flechten, vom Normalbürger fälschlicherweise auch schon mal als Unkraut bezeichnet. Von diesen 38 verschiedenen Flechten sind sieben weltweit ‚unantastbar'. Davon wiederum existierten zwei Flechten auf unseren Ruinenmauern, die als Grundmauern für unseren Neubau dienen sollten."

„*Die konnten natürlich nicht selbst das Weite suchen wie das genervte ‚Graue Mausohr'.*"

„Nein, konnten sie nicht. Aber zum Glück nahte ja kompetente Hilfe: Wiederum hatte eine Institution Wind bekommen von unserem Vorhaben und nahm nach vielen Untersuchungen und wochenlangen Sichtungen diese beiden Flechten in ‚Quarantäne', in einem kleinen Gewächshaus."

„*Ende gut, alles gut?*"

„Für uns schon, denn wir hatten damit auch diese Hürde geschafft. Das Ende vom Lied war: Nach Fertigstellung des Neubaus wurden wieder zwei Flechten – ob es nach fünf Jahren dieselben waren, kann ich nicht beurteilen – in die alten Mauern ‚implantiert'. Friede, Freude, Eierkuchen – sollte man meinen. Doch es dauerte keine vier Wochen und die armen Winzlinge welkten vor sich hin.

Im Nachhinein sollte man sich vielleicht überlegen, eine Gedenktafel, zur Erinnerung an die beiden, zu errichten."

„Und die Moosschützer?"

„Die hatten das Pech, als Letzte zu kommen, um mir meine noch ver-
bliebenen Nerven zu rauben, und erwischten mich nach den Episoden
mit ihren Vorbesuchern in einem – sagen wir – etwas ungnädigen
Moment. Ich habe sie einfach vor die Tür gesetzt."

„Und damit war die Sache erledigt?"

„Vielleicht waren meine Worte ja so schroff, dass sie diese Leute aus
den ‚Träumen der Moose' wieder in die Normalität katapultiert haben.
Jedenfalls wurden die Herrschaften nicht mehr gesichtet."

*„Mit diesen Erfahrungen könnte man wahrscheinlich ein weiteres
Buch füllen."*

„Allerdings. Zumal dies nur ein Bruchteil dessen ist, was ich in
puncto Baugeschichte erlebt habe. Allen aber, die vor der Entscheidung stehen, in einem Gewerbeobjekt bautechnisch zu investieren,
möchte ich – mit einem kleinen Augenzwinkern zwar, aber im Kern
zutreffend – einige   Tipps geben:

- ☞ Laden Sie keine Beamten zum Essen etc. ein; die
trinken nur Wasser und Kaffee und essen nichts.

- ☞ Bauen Sie drauflos. Meist wissen die Herren nicht
mehr, was sie überhaupt genehmigt haben. Und für
die Bauabnahme vertrauen Sie einfach Ihrem Bürger-
meister und den unteren Behörden. Die helfen Ihnen
im Notfall.

☞ Lassen Sie keine ‚Rollkragenpulloverträger'
  in Ihr Haus.

☞ Bei einer Bauvoranfrage vertreten Sie die Meinung,
  wie Sie es nicht haben wollen. Meist kommen Sie
  so zu Ihrem gewünschten Ergebnis.

☞ Lassen Sie sich nicht alles gefallen."

„Zu Beginn unseres Gespräches habe ich ‚Rheinfels' mit einem Mär-
chenschloss verglichen. Fühlen Sie sich wie der Held im Märchen,
der, nachdem er allen Widersachern getrotzt und viele Kämpfe und
Prüfungen bestanden hat, stark geworden ist und nun endlich reich-
lich belohnt wird?"

„Märchenheld, na ja. Dazu würden Sie wohl besser meine Frau
befragen. – Aber im Ernst: Manchmal, wenn ich morgens aufwache
und aus unserem Fenster die phantastische Aussicht hinunter ins
Rheintal genieße, reibe ich mir die Augen und frage mich, ob ich das
alles doch nur träume. Denn
an einem so außergewöhn-
lichen Ort leben und arbeiten zu
dürfen ist natürlich ein Privileg.
Aber anders als im Märchen
kam keine gute Fee, die mir
mit Magie und Zauberstab drei
Wünsche erfüllte. Hinter all
dem steckt viel Energie, Arbeit
und eine Menge Durchhalte-
vermögen.

Eröffnung der „neuen
Rheinfels" im April 2004

Aber in einem gebe ich Ihnen Recht: Eigentlich müsste ich allen Behörden und Institutionen, die mir das Leben während der langen Durststrecke schwer gemacht haben, sogar dankbar sein.

Nicht umsonst heißt es: ‚Der Mensch wächst mit seinen Aufgaben'. Inzwischen reagiere ich viel gelassener auf ‚die kleinen Ärgerer'. Und wer weiß, vielleicht werde ich in einigen Jahren auch über die ‚großen Ärgerer', mit denen ich es auf dem Weg zum heutigen Romantik Hotel Schloss Rheinfels zu tun bekam und von denen ich Ihnen erzählen durfte, nur noch lachen können. Vielleicht mit Ihnen gemeinsam?

Herzlichen Dank für Ihr Interesse an meinem Weg durch das Behörden-Labyrinth und die Irrungen und Wirrungen von sicher gut gemeinten Lobby-Idealisten."

„Liberal ist, wer sich selbst vertraut und sich gegen Unsinn zur Wehr setzt."
Karl Moersch

„Herr Ripp, es war sehr interessant, einmal mit Ihnen hinter die Kulissen des Traums vom Märchenschloss blicken zu dürfen. Für die Zukunft wünsche ich Ihnen möglichst wenige kleine und große Ärgerer und weiterhin so kreative Ideen zum Wohle Ihrer Gäste."

„Auf Rheinfels" – Sankt Goar
im Juni 2006

Regine Schienbein und Wolfgang Kuhn

(*1966/*1946) Innosenso Unternehmensberatung für
Elektrobiologie und Initiatoren des Qualitätsverbundes
„Sensotel – Innovative Hotelwelten zum Wohlfühlen"

7. QUALITÄT NEU DEFINIERT

oder:

www.quality.de

REGINE SCHIENBEIN: *„Nachdem wir Deinen Themenabriss gelesen haben, ist es für uns wohl an der Zeit, dass wir uns über die praktische Arbeit, Deinen Alltag als Unternehmer und den dazugehörigen ‚Werkzeugkasten' unterhalten. Wir beide freuen uns schon sehr darauf, Dir zum Thema Qualität beiseitestehen zu dürfen, und sind gespannt, wie Du Deinen roten Faden zum Thema vorgibst.“*

GERD RIPP: „Vorgeben möchte ich im Grunde gar nichts, denn das könnte unser Gespräch zu sehr einengen. Wir führen in allen ‚Kamingesprächen' einen konstruktiven Dialog (heute mit der Ausnahme, dass wir sogar zu dritt hier sitzen), wobei ich mir natürlich ein paar Eckpunkte vorgenommen habe, die zur Sprache kommen sollten.“

WOLFGANG KUHN: *„Nun, grundsätzlich gilt es doch einmal zu klären, was man in der heutigen Zeit unter Qualität versteht und wie der Zeitgeist eventuell unsere Vorstellung von Qualität verändert hat oder auch noch verändern wird.“*

RS: „Genau. Ganz allmählich – leider aber noch viel zu langsam und nicht in allen Schichten – vollzieht sich doch ein Wandel. Gab man in den letzten Jahren in vielen Bereichen der Quantität den Vorrang, wendet man sich allmählich wieder dem guten alten Slogan ‚Qualität vor Quantität' zu.“

„Ja, diesen Stimmungsumschwung, der bisher erst noch ein zartes Pflänzchen ist, kann man nur begrüßen. Aber um aus dem Spross eine kräftige Pflanze werden zu lassen, müssen die Inhalte, die hinter solch wohlfeilen Schlagworten stehen, auf ihren Gehalt hin überprüft werden. Wer mehr Qualität verlangt, muss eine Vorstellung haben, was genau er darunter versteht. Mehr noch: Es genügt ja nicht, dass eine Person – Kunde beziehungsweise Gast – eine bestimmte Vorstellung hat und deren Umsetzung erwartet, während der Dienstleister für seinen Betrieb Qualität völlig anders definiert. In dem Fall sind Enttäuschung und Unzufriedenheit geradezu vorprogrammiert."

RS: „Deshalb also der Titel ‚Qualität neu definiert'?"

„Ja. Ich bin überzeugt: Nur dann, wenn eine grundlegende, allgemein anerkannte Übereinstimmung bezüglich des Begriffs vorliegt, ist ein Handeln zur beiderseitigen Zufriedenheit möglich."

WK: „Welche Erfahrungen hast Du mit einer solchen Diskrepanz zwischen der Erwartungshaltung der Gäste und der eigenen Vorstellung von Qualität denn bisher gemacht?"

„Nun, es sind vor allem zwei gravierende Erkenntnisse, denen wir uns künftig stellen müssen. Einmal ist es das ‚Sattsein' unserer Gäste. Jeder kennt alles, weiß alles und das meist auch noch besser. Mit Herkömmlichem lockt man kaum noch jemanden hinterm Ofen hervor. Wenn man unter Qualität also versteht, vorhandene Bedürfnisse zu befriedigen, liegt man mit dieser Definition heutzutage völlig falsch. Viele Gäste ‚löffeln' ganz selbstverständlich alle Sahnehäubchen ab, die ihnen geboten werden. Schlimmer noch, in ihrem Bewusstsein sind diese Sahnehäubchen Bestandteil einer zu erfüllenden Qualität.

Mit anderen Worten: Die Messlatte der Qualität liegt viel höher als unsere Basis-Dienstleistung. Der so von uns verwöhnte Gast verlangt beim nächsten Besuch natürlich eine Steigerung, die wir dann erfüllen, sodass er beim übernächsten Mal ... ein Rad ohne Ende!"

RS: „In dem der Dienstleister dann in das viel zitierte Hamsterrad gelangt, ohne einen Ausweg zu finden?"

„Richtig. Und genau da setzt meine zweite Erkenntnis an: Oft reden wir von Qualität im Dienstleistungssektor so, als sei der Begriff einzig und allein für den Gast konzipiert. Das ist falsch. Wo zwei Parteien beteiligt sind – hier also Kunde und Anbieter –, müssen wir auch für beide Seiten auf Einhaltung des Qualitätsprinzips achten."

RS: „Qualität also auch für den Dienstleister? Was muss man sich darunter vorstellen?"

„Nun, man sollte vor der eigenen Haustür kehren, sich fragen, wo die eigene Lebens- und Arbeitsqualität und die der Mitarbeiter liegt. Wenn in dem Bereich alles stimmig ist, macht uns das stark für den optimalen Service am Kunden."

WK: „Gibt es dazu ein konkretes Beispiel?"

„Bleiben wir bei etwas, das eigentlich ganz einfach ist, vielen aber oft schwer fällt: der freundliche Umgangston.

Wenn in einem Betrieb ‚dicke Luft' ist, eine gereizte Stimmung herrscht und sich im schlimmsten Fall gar in Auseinandersetzungen vor Gästen äußert, ist das ein ‚Supergau' für die Atmosphäre."

WK: „Die von den dann verschreckten Gästen mit Fernbleiben abgestraft wird."

„Allerdings. Eine Reaktion, die im Übrigen absolut verständlich ist. Wer für einen Urlaub eine erkleckliche Summe bezahlt und sich auf die Zeit gefreut hat, erwartet völlig zu Recht, dass seine Auszeit harmonisch verläuft und nicht durch innerbetriebliche Querelen gestört wird."

RS: „Aber die kommen doch in jedem Betrieb mal vor?"

„Natürlich, wo viele Menschen zusammenarbeiten, entstehen auch mal Konflikte. Aber es kommt darauf an, wie man mit ihnen umgeht. Solche Dinge gehören hinter die Kulissen und dürfen keinesfalls ‚coram publico' ausgetragen werden. Und die Lösung eines solchen Konfliktes sollte auch mal warten können, bis der Service erledigt ist. Hier muss also bei allen Mitarbeitern Konsens über die Prioritäten herrschen."

RS: „Aber was ist, wenn einen Angestellten ein wirklich schwerwiegendes persönliches Problem so drückt, dass es ihm kaum möglich ist, seine Gefühle vor den Gästen zu verbergen?"

Qualität ist immer Teamarbeit

„Dann wäre es besser, wenn er mir das sagt, damit ich ihn vorübergehend aus der ersten Reihe nehmen und mit Aufgaben im Background betrauen kann."

RS: „Was dann wieder für den Betroffenen und die Kundschaft von Vorteil wäre."

„Ja, nur ein kleines Mosaiksteinchen. Aber viele solcher Steinchen formieren sich zu einem harmonischen Ganzen – eben der Lebens- und Arbeitsqualität. – Übrigens: Da ich weiß, dass Ihr zwei Euch auch stark für den Erhalt der Lebensqualität engagiert, bin ich überzeugt, in Euch sehr gute Gesprächspartner für dieses Thema gefunden zu haben."

„Über alles können wir streiten, aber Qualität
darf nicht Gegenstand unserer
Auseinandersetzung sein."

Lee Iacocca

WK: „Wohl wahr. Aber wenn Übereinstimmung über die Unverzicht-barkeit von Qualität herrscht, muss man den Begriff doch zumindest allgemeingültig definieren dürfen."

„Was nicht einfach ist. Ich fürchte fast, dass unser heutiger Kunde/ Gast nur noch allein darüber befindet, was er für qualitätswürdig hält."

WK: „Weil jeder Mensch wohl Qualität anders – eben subjektiv – definiert, da er ganz andere Voraussetzungen mitbringt. Was für die einen normal ist, kann für andere wiederum bereits zur Rubrik Luxus zählen."

„Aber muss man nicht genau deshalb versuchen, den Begriff Qualität mit einer Basis von allgemein anerkannten Inhalten zu füllen? Folgt man den einschlägigen Begriffslexika, die da auf einfache Weise formulieren: ‚Qualität bezeichnet Beschaffenheit, Eigenschaften und Zustände von Objekten, Stoffen und Vorgängen‘, dann ist dies doch ein wenig karg, oder?"

RS: „... und enthält sich somit jeder Wertung. Aber obgleich die Bezeichnung Qualität an sich keine Bewertung beinhaltet, wird sie im Alltag doch häufig wertend gebraucht. Sie gilt meist als Synonym für Güte und ist ein allgemeiner Wertmaßstab, der die Zweckangemessenheit eines Produktes oder auch einer Dienstleistung zum Ausdruck bringen soll."

„Man kann es auch ganz simpel ausdrücken: Qualität ist das Richtige tun – oder anders: die Übereinstimmung von Soll und Ist, also die Erfüllung von Erwartungen."

WK: „Was aber ist das Richtige, wenn, wie bereits angesprochen, Menschen mit ganz unterschiedlichen Erfahrungen und Gewohnheiten auch entsprechend unterschiedliche Erwartungshaltungen haben? Das macht es uns doch schwer, hier ein allgemeingültiges Soll zu formulieren."

RS: „Vielleicht sollte man sich einfach an die Worte des Dichters Oscar Wilde halten, der Qualität für sich so formulierte: ‚Ich habe einen ganz einfachen Geschmack – von allem einfach nur das Beste.‘ "

„Ja, ich kenne das Zitat. Aber es wirft ja auch erneut die Frage auf: Was ist das Beste?

Entscheidend ist doch, dass zunächst einmal die gestellten Mindestanforderungen an das Produkt oder die Dienstleistung erfüllt werden, was sich sowohl auf die objektiv messbaren als auch auf die subjektiven Eigenschaften bezieht. Darüber hinaus sollten aber Gegebenheiten dazukommen, mit denen der Kunde oder Gast nicht unbedingt gerechnet hat. Wenn ich mir also kontinuierlich Gedanken über stetige Verbesserungen in meinem Betrieb mache, ist das sicher besser, als nur die Basis der Erwartungen zu erfüllen."

„Kontinuierliche Verbesserungen sind besser
als hinausgezögerte Vervollkommnung."
Mark Twain

WK: „Inwieweit sind eigentlich Kundenwünsche in diese Verbesserungen in einem Betrieb eingebunden? Ist es nicht häufig so, dass wir uns tolle Sachen einfallen lassen und dann automatisch erwarten, dass unsere Kunden davon genauso begeistert sind wie wir?"

RS: „... die vielleicht ganz andere Dinge ändern würden, wenn sie denn gefragt werden."

„Unsere Gäste können auf den Feedback-Bogen Verbesserungsvorschläge machen, die häufig auch aufgegriffen und umgesetzt werden.

Aber es stimmt schon: Vielfach wird über die Köpfe der eigentlichen Adressaten, also der Kunden und Gäste, hinweg geplant. In der Praxis zeigt sich dann, dass hochfliegende Pläne zwar optisch beeindrucken, aber im alltäglichen Gebrauch Probleme bereiten."

RS: „Ja. Da gibt es wahrscheinlich Beispiele ohne Ende!"

„Eines kann ich euch einmal erzählen. Vor kurzem habe ich mir die Ausstattung eines neuen Hotels am Münchener Hauptbahnhof angesehen. Zugegeben – der erste Eindruck ist überwältigend. Hier hat ein ‚Super-Architekten-Team' seine unkonventionellen, ja fast schon futuristischen Ideen in einem Design-Hotel verwirklicht: offene Bäder im Schlafraum, Glas als dominierendes Material, ein vom Bett zur Wanne verschiebbarer Fernseher, ein futuristischer Schreibtisch. Wie gesagt: auf den ersten Blick super!"

WK: „Und auf den zweiten Blick?"

„Das beeindruckende Design bleibt. Aber das Handling für die Zimmermädchen muss doch grausam sein. Das tägliche Reinigen der vielen Glasflächen verlängert mit Sicherheit die Dauer des Zimmerdienstes. Und auch aus Sicht des Gastes ist Skepsis angebracht. Ein Fernsehgerät an der Badewanne, das beim Duschen Wasser abbekommt. Hat man uns nicht schon im Kindesalter eingetrichtert, dass Elektrogeräte in Badewannennähe nichts zu suchen haben? Wo bleibt da die Sicherheit?

Und der sogenannte ‚Future-Schreibtisch' ist anscheinend für Marsmännchen im Liliputanerformat konstruiert. Fazit: Viel Schein (der zu Lasten der praktischen Handhabung geht), wenig Nutzen!"

RS: „Sollte man nicht vor der Planung und dem Bau eines Hotels auch praxiserfahrene und routinierte Hotelmenschen fragen? Sie wissen doch sicher am besten, was praktisch im täglichen Gebrauch ist oder die Arbeitsabläufe erschwert."

„Auf jeden Fall sollte dieser Informationsaustausch vor Beginn der Bauphase stattfinden, damit eventuelle Verbesserungsvorschläge noch berücksichtigt werden können. Schick und extravagant genügt nicht, es muss auch praktisch sein. Ideal, wenn beides eine gekonnte Verschmelzung erfährt. Dann wird das Projekt auch als Arbeitsplatz hohen Qualitätsansprüchen gerecht werden. – Wobei wir jetzt übrigens eine gute Brücke zu dem nächsten Thema schlagen können, das Euch beiden besonders am Herzen liegt: nämlich die Lebensqualität."

> „Die Zahl derer, die durch zu viele Informationen
> nicht mehr informiert werden, wächst."
> Rudolf Augstein

RS: *„Ja. Und dabei richten wir ein besonderes Augenmerk auf den Umgang mit der Informationsüberlastung. Die Welt ist kleiner geworden, kompakter und durchschaubarer – meinen die einen. Andere dagegen stöhnen unter der gewaltigen Informationsflut, fühlen sich davon überreizt und genervt."*

„Die Zeiten, in denen Fernsehen, Radio und Zeitung allein den Informationsbedarf deckten, sind längst Geschichte. Orchestrales Klingeln und Piepsen umgibt uns heute von der Flughafenlounge bis zur U-Bahn-Fahrt, von der Konferenztagung bis zum Kaffeekränzchen im Familien- und Freundeskreis."

WK: *„Und damit drängen Informationen – auch ungefragt – in jede Nische unseres täglichen Lebens.*

Wo ist der Knopf zum Abschalten? Es ist manchmal kaum noch zu ertragen."

„Und dem morgendlichen Öffnen des Briefkastens hat sich nun schon seit geraumer Zeit das Anklicken der Mailbox hinzugesellt. Das elektronische Informationstool des Internets hat unsere Lebensgewohnheiten so nachhaltig verändert, dass wir manchmal nicht mehr wissen, wo unser Kopf steht. Gleichzeitig haben wir uns damit in eine neue Abhängigkeit begeben, die nur schwer rückgängig zu machen ist."

RS: „Dieser schönen neuen Welt der Informationsfluten können wir uns aber doch nicht entziehen, wenn wir weiterhin beruflich erfolgreich sein und den Puls der Zeit hören wollen, oder?"

WK: „Sicher nicht. Vieles ist in der heutigen schnelllebigen Welt nicht mehr wegzudenken. Jedoch bereitet weniger die Aufnahme der Informationen Schwierigkeiten als die Fähigkeit, das Erfahrene zu speichern – oder besser noch: Spreu vom Weizen zu trennen. Was ist für mich interessant und was sind belanglose Zeitfresser? Gefragt ist also die Fähigkeit, weniger Wichtiges von Wichtigem zu trennen. Bildlich gesprochen: Es gilt, Bedeutsames aus dem Meer der Informationen ans sichere Ufer zu retten."

„Ein schönes Bild. Tatsächlich wird es meines Erachtens immer wichtiger, sich freizumachen von der Beeinflussung durch die teils wahnsinnigen Botschaften der Werbebranche."

WK: „Die uns auf dem Gebiet der Verkaufspsychologie zur zielgerichteten Beeinflussung von Menschen natürlich um Lichtjahre voraus sind. Die Strategien und unterschwellig verbreiteten Lockreize der geheimen Verführer sind inzwischen so subtil und verschlüsselt, dass es für den nicht Eingeweihten fast unmöglich ist, sich der Wirkung total zu entziehen."

„Wir brauchen auch ein gewisses Maß an
Dummheit im Sinne des Verzichts auf Informationen.
Sonst können wir zwar vieles gut erklären, aber noch lange nicht
die Lösungen für die Zukunft finden."

 Gerd Binning

„Natürlich weiß ich, dass dies sehr schwierig ist. Auch wenn wir die allgemeinen Tricks der Werbebranche kennen, verfangen wir uns doch immer wieder in ihren Fallstricken. Unsere Aufmerksamkeit wird geweckt durch geschickte Wahl und Komposition von Schrift, Bild, Größe und Farbe sowie erotischen Reizen und solchen, die bei uns Schutz- und Mutterfunktionen auslösen. Wieso sonst bedient sich Werbung mehr und mehr blanker Haut oder des Kindchenschemas, also großer dunkler Kulleraugen von Babies und Kleinkindern? Ist dieser Dauerbeschuss durch Werbebotschaften noch Lebensqualität?"

WK: „Tja, darüber kann man streiten. Aber Du hast schon Recht, wenn wir uns mental von allen Werbebotschaften verabschieden wollten, müssten wir uns schon in eine Dunkelkammer begeben. Ich denke, Regine und ich haben einen ganz persönlichen Weg zum Umgang mit Werbebotschaften und Informationen gefunden. Wir haben sie auf das Wesentliche zurückgefahren. Wir nennen es Minimalismus und haben uns dadurch ein großes Stück Lebensqualität, sprich: Freizeit, zurückgewonnen."

RS: „...ja, und allen anfänglichen Bedenken zum Trotz, etwas verpassen zu können, fühle ich mich pudelwohl dabei."

„Na super. Die Frage ist doch, ob die Menschen, mit denen wir es bei unserer täglichen Arbeit zu tun haben, davon auch begeistert sind. Obwohl ich eigentlich auch schon einige große Schritte in Richtung Minimalismus getan habe. So bin ich ein absoluter Gegner von Zeitplanmanagement. Ich habe keine Zeitplanbücher, keine ‚Palms', keinen digitalen Taschencomputer, der meine Termine verwaltet ... und – ich trage keine Armbanduhr – und wenn doch mal, dann lediglich als Schmuckstück!"

RS: „Das ist allerdings schon sehr ungewöhnlich, um nicht zu sagen mehr als eigenwillig."

„Ich weiß. Aber ich kann und will einfach nicht minutiös von anderen verplant werden, will Herr meiner eigenen Zeit sein – vielleicht deshalb, weil ich ohnehin permanent im Dienste meiner Gäste stehe und eben keine Fließbandarbeit verrichte.

Ich möchte mich – wo immer möglich – ‚freischaufeln' für die ad hoc abgerufenen Belange und Wünsche meiner Gäste. Dies wäre nicht möglich, wenn ich mich strikt nach einem Zeitplanbuch richten müsste."

WK: „Ein weiser Spruch. Aber lässt er sich auch in aller Konsequenz im Berufsalltag umsetzen? Es gibt doch Dinge, die kann man nicht einfach wegschieben. Beispiel: tägliche Büroarbeit. Wie erhält man bei der ständig eingehenden Informationsflut, die uns kostbare Zeit raubt, einen leeren Schreibtisch? Einmal gründlich ausmisten genügt

ja wohl nicht, weil ständig Nachschub eintrudelt. Da wird Aufräumen
doch zur Sisyphus-Arbeit."

„Zeit haben heißt wissen, wofür man Zeit
haben will und wofür nicht."

Emil Oesch

„Genau deshalb habe ich mir angewöhnt, Post schon beim Eingang
vorzusortieren. Ich lasse es gar nicht mehr zu, dass sich auf meinem
Schreibtisch Papier auftürmt."

WK: *„Aber ist es nicht schwer, schnell und spontan zu entscheiden,*
was wichtig ist und was warten kann?"

„Anfänglich ja. Aber wie bei fast allen Tätigkeiten macht auch hier
Übung den Meister. Wenn man dieses Sortierprogramm Tag für Tag
erledigt, wird es irgendwann zur Routine."

WK: *„Ich möchte es jetzt doch gern genau wissen: Nach welchen Kri-*
terien sortierst Du die Post? Vielleicht kann man ja Deine Methode
übernehmen."

„Ich habe immer einen leeren (oder doch zumindest aufgeräumten)
Schreibtisch, obwohl ich zunächst einmal gar nichts wegschmeiße.
Und alle Eingangspost öffne ich selbst – hier bin ich der Meinung,
dass ich mir in meiner Größenordnung des Betriebs einen guten
Überblick behalten soll. Und dann folgt der Trick: Es gibt die Post
A, B und C.

Wenn der Schreibtisch
zum Feind wird

Post A ‚OHNE WENN UND ABER' muss erledigt werden und sollte, wenn irgend möglich, delegiert werden. Allerdings wird die Bearbeitung meiner Post nicht als fester Termin eingeplant, sondern in freien Minuten bearbeitet – nach dem Schema eines gewöhnlichen Pultordners.

Post B kommt in die Ablage ‚LUST', d.h. sie wird genauer gelesen bzw. erledigt, wenn ich Lust darauf habe.

„Mit dem gekonnten Aufbewahren derzeit nicht benötigter Informationen für spätere Zeiten lernen wir vergessen, verdrängen und ausradieren – dies ist das höchste Gut."

Matthias Scharlach

Die Post C kommt in die Ablage ‚KÖRBCHEN'. Aber dieses Körbchen lasse ich auf keinen Fall höher wachsen als einen halben Meter. Spätestens dann wird der Stapel noch einmal (in lustvollen freien Minuten) schnell (damit man sich nicht festbeißt!) durchgeblättert. Jetzt Interessantes wandert eventuell in die Ablage LUST, während der Rest sofort entsorgt wird."

WK: „Soweit habe ich es verstanden. Und was geschieht mit dem Stapel ‚LUST'?"

„Hier schlägt man dann – nach einem weiteren halben Meter – ein Einmachgummi um den Packen und bringt diesen weit weg außer Reichweite. Vielleicht hat man ja mal an einem langen Winterabend am Kamin Lust, in diesen Packen zu stöbern ..."

RS: „Also gewinnen wir Zeit und damit mehr Lebensqualität durch Loslassen ... und durch Vergessen?"

„So ist es. Bei mir jedenfalls funktioniert das gut. Aber natürlich gibt es noch andere Kriterien für Lebensqualität. Wir haben über die alltägliche E-Mail-Flut gesprochen. Auch hier verfahre ich ähnlich wie mit eingehenden Postnachrichten.

Aber nicht nur dies belästigt uns, sondern vielmehr ist ja die totale Vernetzung unserer Umgebung ein Angriff auf unser Wohlbefinden, ja unter Umständen gar auf unsere Gesundheit – ein Problem, dem ihr Euch seit Jahren mit Erfolg widmet."

RS: „Ja, dies ist in der Tat eine Herzensangelegenheit von uns, aus der wir eine Profession gemacht haben. Es freut uns, dass wir uns diesem ganz anderen Qualitätsthema hier in deinem Buch widmen können. Wenn wir das Rad der Informations- und Kommunikationstechnik nicht zurückdrehen können, dann sollten wir uns vor den negativen Einflüssen zumindest schützen, wo immer das geht."

„Dazu bietet Ihr ja kompetente Hilfestellung, deren wir uns ganz aktuell auch angenommen haben."

WK: „Genau. Dreh- und Angelpunkt ist das Thema ‚Gesunder Schlaf'. Denn gesunder Schlaf ist ein Grundbedürfnis des Menschen und unverzichtbar für die Erhaltung, besser noch Erhöhung der Regenerationsfähigkeit. Somit ist gesunder Schlaf die Vorausset-zung für Gesundheit, Vitalität, Wohlbefinden und Lebensfreude. Man könnte es auch so ausdrücken: Gesunder Schlaf ist WELLNESS pur – und gehört somit in den Bereich der Lebensqualität."

„Durchaus. Also sprechen wir eigentlich genau über das, was wir unseren Gästen bieten wollen, indem wir z.B. in erstklassige Betten bzw. Matratzen investieren, für Schalldämmung sorgen und mehr."

RS: „Ja, auch. Wunderbar, wenn in einem Hotelbetrieb auf diese Es-sentials Wert gelegt wird. Aber wir sind der Meinung, das genügt nicht. Viele unterschätzen immer noch die negativen Einflüsse, die durch Elektrosmog hervorgerufen werden."

WK: „Schlimmer: Man findet leider immer noch die weitverbreitete Ansicht, Elektrosmog sei ein Hirngespinst und somit ins Reich der überreizten Phantasie zu verbannen."

RS: „Ein folgenreicher Denkfehler. Elektrosmog – genauer gesagt elektrobiologische Störfaktoren – im Schlafbereich bedeutet Dauer-stress für den Organismus und beeinflusst die Ruhephase des Körpers. Auslöser für diese nächtliche, kaum bewusst wahrnehmbare Ruhestö-rung sind beispielsweise Radiowecker und Handys, aber auch Mobil-funksendemasten; schnurlose DECT-Telefone oder W-LAN."

„Also alles Dinge, ohne die man in einem Hotel kaum auskommt?"

WK: „So ist es. Deshalb nehmen Elektrosmog-Reduzierungen im Hotelzimmer an Bedeutung zu, denn elektromagnetische Felder und

Wellen treten in jedem Hotel-zimmer auf. Jede Steckdose, jedes in der Wand verlegte Kabel, jedes elektrische Gerät strahlt ein elektrisches Wech-selfeld aus, selbst dann, wenn das Gerät ausgeschaltet ist."

Wolfgang Kuhn bei Messungen
Im Schloss Rheinfels

RS: „Viele Elektrogeräte laufen auf Stand-by-Betrieb. Sie sind also rund um die Uhr in Betrieb, wie der Radiowecker, das Fernsehgerät oder auch die Minibar."

„Wahrscheinlich auch deshalb, weil kaum jemand Lust hat, all diese Geräte vor dem Schlafengehen auszuschalten."

RS: „Die Bequemlichkeit ist die eine Seite. Viel wichtiger ist die Tatsache, dass sich die wenigsten Gedanken darüber machen. Des-halb haben wir das Gesundheitsschutzkonzept ‚Sensual Living – Gesünder leben, wohnen und arbeiten' entwickelt."

„Ein Konzept, das mich schnell überzeugt hat. Aber überzeugt es auch die Gäste? Was man nicht sieht und direkt wahrnimmt, wird ja vielleicht auch nicht als Vorzug gegenüber anderen Häusern wahrge-nommen."

WK: „Zugegeben, ein Vorzug, der nicht allen Gästen auf Anhieb zu vermitteln ist. Deshalb gibt es die neue Hotelkooperation SENSOTEL – die wir ja mit Deiner Hilfe ins Leben gerufen haben – , hinter der sich der Anspruch verbirgt: Innovative Hotelwelten zum Wohlfühlen.

Übertragen auf alle Bereiche im Hotel. Auch die Arbeitsplätze der Mitarbeiter spielen eine Rolle."

„Also eine Art Zertifikat, das meinen Betrieb als vorbildlich im Hinblick auf Elektrosmog-Reduzierung ausweist?"

WK: „So ist es. Innovative Hotelbetriebe, die die Aufnahmekriterien erfüllen, können Mitglied bei SENSOTEL werden."

„Nun, hier habt Ihr die beste Gelegenheit, nachhaltig über die Aufnahmekriterien einmal zu sprechen, die ja ganz schön anspruchsvoll sind."

WK: „Allerdings. Und das kommt den Hotelgästen und deren Wohlbefinden zugute. So müssen z. B. mindestens 25 Prozent des vorhandenen Zimmerkontingents im Bereich der Niederfrequenz elektrosmogreduziert ausgestattet sein."

RS: „… zusätzlich muss sich die Unternehmensleitung im Sinne des Gesundheitsschutzes ihrer Gäste verpflichten, zukünftige Neubauund/oder Renovierungsmaßnahmen konsequent unter elektrobiologischen Aspekten zu planen und durchzuführen."

„Wenn wir uns über Gesundheit nur halb so
freuen könnten, wie wir uns über jede Krankheit grämen
und Sorgen machen, wären wir maßlos glücklich."

Sigmund Graff

„Alle Anforderungen haben wir in unserem Hotel erfüllt und sind deshalb auch wirklich stolz auf das Zertifikat (obwohl ich kein ‚Zettelchen-Sammler' bin – aber dazu mehr im nächsten Kapitel T.Q.M.) – und darauf, das erste Hotel in Deutschland zu sein, das elektrosmog-reduzierte Zimmer im Angebot hat."

WK: „Das freut uns natürlich. Und dass Du auch in Deinem eigenen Privathaus diese Anforderungen umgesetzt hast, zeigt ja, wie überzeugt Du von dem Konzept bist."

„Genau. Ich glaube, es genügt nicht, seine Hotelfront mit allerlei bunten Zertifikationsplaketten zu zieren, wenn nicht wirkliche Vorzüge für den Gast dahinterstehen.

Womit wir wieder bei unserem Thema wären:

‚Qualität – neu definiert'. Natürlich ließen sich noch stundenlang Beispiele für Verbesserungen im Sinne gesteigerter Lebensqualität aufzählen.

Vielleicht könnte man folgendes Resümee ziehen: Qualität definiert sich nicht durch vordergründige Etikettierung, sondern durch die Inhalte.

Oder anders ausgedrückt: Wenn ich möglichst viel von dem, was ich selbst an Qualität erwarte – schließlich bin ja auch ich selbst immer mal wieder Kunde oder Hotelgast –, auch für meine Gäste vorhalte, dann komme ich dem Ziel sehr nahe, den Zufriedenheitsgrad unserer Gäste zu erreichen."

RS: „Wenn wir uns hier auch einen kleinen Exkurs in die ‚Gesund-heitspolitik' erlaubt haben, so freut es uns, an Deinem Buch mitge-wirkt zu haben."

„Demnach sage ich Danke für das Gespräch – es hat mir große Freude gemacht. Dennoch bin ich mit dem Thema Qualität noch nicht ganz durch. Ich habe mir deshalb überlegt, mit meinem nächsten Gesprächspartner – wenn man so will, ein Mann aus den eigenen Reihen – dies in puncto der vielgepriesenen T.Q.M. zu Ende zu bringen. Stefan Niemeyer, unser Marketingleiter, ist wohl für diesen Part der Richtige."

„Auf Rheinfels" – Sankt Goar

――――― im Juli 2006

Stefan Niemeyer

(* 1975) Marketing-Leiter im Schloss Rheinfels und freiberuflicher
Graphik- und Webdesigner, Studium der Kulturwissenschaften und
langjährig in der Hotelbranche aktiv

8. Die T.Q.M.-Fraktion geht zu weit

oder:
„Schicken Sie Ihr ISO-Zertifikat wieder
an den Absender zurück!"

Gerd Ripp: „Wenn ich mich heute, lieber Stefan, mit Ihnen als unserem eigenen Mitarbeiter im Hause über das Thema Total Quality Management unterhalte, dann hat das einen ganz speziellen Grund. Sie als Marketingleiter des Hauses sind wohl deshalb der Richtige, weil ich denke, dass unser umfassendes Qualitätsmanagement mit Bravour durchgeführt wird (übrigens auch ohne Zertifikate) und wir beide das Thema Marketing im Allgemeinen als unser ‚Steckenpferd' ansehen.

Zudem schließt es sehr gut an das vorherige Kapitel an, wo wir bereits ausführlich über Qualität philosophiert haben."

Stefan Niemeyer: *„Ja, schon. Aber wovon reden wir: Qualitätsmanagement als Teil des Marketings? Oder wäre es nicht besser, diese Werkzeuge auseinanderzuhalten?"*

„Natürlich hat das eine mit dem anderen zunächst wenig zu tun. Dennoch: Unser Thema ‚T.Q.M.' wird, meine ich, oft genutzt (besser noch: ausgenutzt!), um es sich auf die Fahnen zu schreiben und dann damit Reklame zu laufen."

„Also doch auch Marketing?"

„Genau. Ich wage sogar die Behauptung, dass so mancher Betrieb es als Wettbewerbsvorteil ansieht, wenn er eine Zertifizierungs-Urkunde an der Wand hängen hat, dass er aber den eigentlichen Kriterien oft nicht gerecht wird."

„Ganz nach dem Motto: Den Deutschen ihre Zettelchen und vorweisbaren Errungenschaften! Betonung auf vorweisbar, wohlgemerkt! – Aber setzen wir uns mit der Kritik nicht dem Vorwurf aus, uns selbst zu widersprechen? Gerade vor wenigen Wochen haben auch wir uns erst zertifizieren lassen – zum ersten elektrosmogfreien Hotel Deutschlands –, und das, obwohl Sie als ausgewiesener Gegner von Zertifizierungen gelten!"

„Sicher! Aber manchmal macht es eben Sinn, mit dem Strom zu schwimmen. Im Gegensatz zu vielen anderen, überprüfbaren Kriterien, die für eine Zertifizierung vorausgesetzt werden, erschließen sich unseren Gästen die Vorzüge einer elektrosmogfreien Umgebung nicht auf den ersten Blick. Ohne Urkunde an der Wand also hätten wir diese Investition zum Nutzen der Hotelgäste nicht so gut transportieren und ‚vermarkten' können. Und das ist der einzige Grund, weshalb ich in diesem besonderen Fall einer Zertifizierung zugestimmt habe. ‚Wenn die Vögel zwitschern, sollte man den Mond nicht ausschalten', sagt eine alte chinesische Weisheit. Mit anderen Worten: Wenn die Welt das braucht, sagen wir ihr, dass wir es haben!"

„Das klingt jetzt aber, als stünden Sie nicht wirklich dahinter."

„Im Sinne der eigenen Organisation, der täglichen Betriebsabläufe und einer durchgängigen Planung befürworte ich diese Maßnahme allemal. Jedoch widerstrebt es mir, sie von Dritten für viel Geld auf den Prüfstand stellen zu lassen. Sie erinnern sich sicher noch gut an die Geschichte im Zusammenhang mit unserer ersten Zertifizierung vor mehr als zehn Jahren."

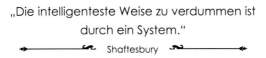

„Die intelligenteste Weise zu verdummen ist
durch ein System."
Shaftesbury

„Allerdings. Damals waren wir das erste Hotel in Rheinland-Pfalz, das sich nach der DIN 9002 für das Hotelgewerbe zertifizieren ließ. Heißt das, damals waren Sie noch pro Zertifizierung?"

„Jein. Eigentlich beugten wir uns dem Druck unserer Kundschaft. Weil viele Firmen, vor allem des produzierenden Gewerbes, selbst zertifiziert waren, wollten sie bei der Buchung ihrer Seminare und Tagungen auch nur noch mit ebenfalls zertifizierten Hotelunternehmen zusammenarbeiten und nahmen uns aus dem Programm."

„Obwohl sie also bis dahin zufriedene Kunden unseres Hauses waren, vertrauten sie nur noch der amtlich beglaubigten Version? Ist das nicht typisch für unser paragraphenhöriges Land?"

„Man muss das wahrscheinlich aus Sicht der Firmen sehen, die natürlich Zeit sparen, wenn sie sich nicht selbst ein Bild – z. B. von einem Tagungshotel – machen müssen, sondern nur selektieren: Zertifiziert? Nehmen wir! – Nicht zertifiziert? Nein, danke ! Vielleicht war damals noch der Glaube an die Aussagekraft der Zertifizierungen so allumfassend, dass man meinte, sich blind darauf verlassen zu können."

„Und das gab damals den Ausschlag, das Schlosshotel Rheinfels zertifizieren zu lassen?"

„Genau. Wir glaubten, es unserer Kundschaft schuldig zu sein. Und wir waren ja auch unvoreingenommen und sahen zunächst mal nur die Vorteile für alle Seiten: Festigung bzw. Hebung des Standards, noch effektivere Organisation und optimale Betriebsabläufe, Wiedergewinnung der wegen der Nichtzertifizierung verlorengegangenen Kunden, bessere Werbewirksamkeit und überzeugendes Marketing."

„Hoffnungen, die sich nicht erfüllt haben?"

„Ich würde eher sagen: Das Kosten-Nutzen-Verhältnis hat mich nicht überzeugt. Es wurde ein ungeheurer Aufwand von uns betrieben. So wurde etwa eigens ein ‚Qualitätsmanagement-Beauftragter' (damals Uli Zellerhoff, unser Gastronomieleiter) für ein Jahr freigestellt, was allein schon immense Kosten verursachte. Das ganze ‚Prozedere' dauerte ein Jahr. Die ‚Zertifizierungsgebühr' belief sich auf sage und schreibe 18 000 DM (!!)."

„Das ist wahrlich kein Pappenstiel. Und nur zu rechtfertigen, wenn der Gegenwert stimmt."

„Eben. Aber genau da setzt meine Kritik ein. Nach einem Jahr gab es eine sogenannte ‚Nachzertifizierung', zu haben für ‚läppische' 8000 DM. Die drei Herren, die uns dafür ‚heimsuchten', hatten anscheinend noch nie ein Hotel von innen gesehen – zumindest vermittelten sie diesen Eindruck."

„Und fühlten sie sich kompetent, ein fundiertes Urteil abzugeben?"

„Anscheinend. So war etwa im Zuge der Zertifizierung auch genauestens festgelegt worden, wie die Ablaufplanung einer Veranstaltung organisiert und dokumentiert werden sollte, also zum Beispiel durch Listen zur Ablaufplanung einer Hochzeitsfeier. Diese unsere Listen wurden von den ‚Experten' bezüglich des Inhalts bemängelt. Auf meine Nachfrage, an welchen Punkten sich denn ihre Kritik festmache beziehungsweise wie denn ihrer Meinung nach eine Hochzeitsliste aussehen müsste, offenbarte sich schnell, dass sie selbst noch nie etwas mit einer

Veranstaltungsplanung zu tun gehabt hatten, geschweige denn wussten, wie so eine Liste auszusehen hat. Die scheinbare Kompetenz – eine schillernde Seifenblase, die bereits beim ersten Fragekontakt zerplatzte! Nach einem halben Tag ‚Beurteilung' und einem Endgespräch ist mir dann der Kragen geplatzt: Ich habe diesen Besuchern von der Insel der Ahnungslosen die Urkunde in die Hand gedrückt und sie des Hauses verwiesen."

„Und wie wurde das von der Zertifizierungsstelle aufgenommen? Das hat doch wohl noch ein Nachspiel gehabt?"

„Natürlich habe ich den Vorgesetzten der Prüfer kontaktiert und ihm meine Unzufriedenheit mit der mangelnden fachlichen Kompetenz seiner Mitarbeiter mitgeteilt. Wie zu erwarten, stieß meine Kritik auf taube Ohren. Vielleicht war ich der Erste, der es gewagt hatte, sich der Allmacht der ‚T.Q.M.'-Fraktion zu widersetzen.

Kurz und gut: Ich habe mich gegen die Kosten der ‚Nachzertifizie-rung' gerichtlich gewehrt – und letztendlich gewonnen."

„Nun, nach dieser Erfahrung kann ich bestens verstehen, dass Sie kein Freund einer sichtenden, aufzeichnenden und kontrollierenden Organisation geworden sind. Aber hat diese ganze Prozedur nicht auch Vorteile für die Betriebsabläufe und damit für die Qualitäts-sicherung unseres Hauses gebracht? Ganz umsonst war dieser Akt doch nicht, oder?"

„Natürlich, da stimme ich Ihnen zu. Viele Organisationspläne, Ablaufschemata und Richtlinien, die damals eingeführt und eingeübt wurden, befolgen wir heute noch. Weil sie sinnvoll sind, das aktive Handeln vereinfachen und dem Mitarbeiter Hilfestellung geben. Aber ich bin entschieden dagegen, mir und meinen Mitarbeitern ein so eng geschnürtes Korsett an Vorschriften anlegen zu lassen, dass Spontaneität, Kreativität und Menschlichkeit auf der Strecke bleiben. Gerade beim eben erwähnten Beispiel einer Hochzeitsplanung, also einem sehr emotionalen Ereignis, ist die sensible und menschliche Zuwendung unverzichtbare Basis des Gelingens. Man könnte es auch so formulieren: Kein Vorschriftenkatalog ersetzt das eigenverant-wortliche Handeln mitdenkender und mitfühlender Mitarbeiter."

„Also der berühmte goldene Mittelweg als Alternative zum blinden Vertrauen in schriftlich fixierte Bewertungen?"

„Bei uns hat sich der gesunde Mix an überzeugenden, weil hilfrei-chen Schemata und dem Stärken der Eigenverantwortung jedes Ein-zelnen bestens bewährt – und zwar zum Wohle aller: der Gäste wie der Belegschaft.

Im Übrigen bin ich natürlich froh, dass die Gewichtung der ISO – zumindest in Bezug auf die Dienstleistung – bei den Partnerfirmen an Bedeutung verloren hat zugunsten einer Orientierung an bewährten Dienstleistern. Was zu Beginn der 90er Jahre ‚Trend' und damit quasi unumgänglich war, unterliegt heute einer eher nüchternen Betrachtung. Nicht alles, was glänzt, ist Gold! Übertragen: Nicht jedes Unternehmen, das sich mit bunten und wichtig klingenden Etiketten schmückt, ist deshalb unbedingt besser. Das hat man mittlerweile auch in vielen potenziellen Partnerunternehmen erkannt. So sind wir heute zum Beispiel auch ohne Zertifikat wieder als Partnerhotel bei der Pharmaindustrie gelistet – die uns damals mit erhobenem Finger ermahnt hat."

„Verbissen nach Systemen zu arbeiten bringt gar nichts. Man braucht die Freiheit, dem Kunden entgegenzukommen."

 Artur Fischer

„Ich denke, man hat in erster Linie erkannt, dass der Bereich Dienstleistung wohl nicht in eine ‚Organisationsschublade' hineinpasste – im Gegensatz zu produzierenden Unternehmen, bei denen es durchaus Sinn macht, Fertigungsprozesse mit Hilfe von Systemen zu optimieren."

„Diese Unterscheidung war meiner Meinung nach überfällig. Ein Hotelbetrieb funktioniert von Menschen für Menschen. Und beide Menschengruppen – die dienstleistenden wie die konsumierenden – lassen sich nun mal nicht ‚gleichschalten' wie Roboter.

Die Kernprinzipien für ein eigens aufgestelltes Qualitätsmanagement orientieren sich am Kunden und werden von Mitarbeitern erzielt. Dabei sollte man beherzigen, dass Qualität kein Ziel ist, sondern ein Prozess, der nie zu Ende geht und im Dienstleistungsgewerbe stets mit Innovation, Kreativität und individueller Bedürfnisbefriedigung (Wunscherfüllung) garniert wird. Einfach ausgedrückt: Qualität ist die Erfüllung von Anforderungen. Und diese lassen sich bitte schön nun mal nicht auflisten und systematisieren."

„Dennoch, ein Gedanke hat mir schon immer bei dem Modell des ,T.Q.M.' gefallen: der ständige Vergleich mit dem Wettbewerb, und zwar, sich mit den Besten im Wettbewerb zu vergleichen. Ein Benchmark finden und über den Tellerrand blicken."

„Gutes Stichwort. Vor allem sollte man kein ,Scheinheiliger' sein, der ständig das Rad neu erfinden will. Auch ,Me-too-Qualität' lässt sich – neu verpackt – als ,Neu' verkaufen, um nur ein Beispiel der Konkurrenzanalyse zu nennen.

„Die Erfolgsfaktoren der Vergangenheit werden in Zukunft nicht mehr gelten."

Paulos Crean

Denn wir sind doch allemal auf dem Hochplateau gelandet, auf dem Spitzenleistungen als selbstverständlich vorausgesetzt werden, und somit alle austauschbar. Doch so lange wir uns noch Gedanken machen, beobachten und Überholtes loslassen, um frei zu werden für Neues, sind wir auf dem besten Wege."

„Ja, Festhalten ist Verlieren, Loslassen ist Gewinnen. Wir sollten beseelt sein vom Streben nach Abweichungen vom Mainstream und nicht vom Wunsch nach seiner Unterdrückung."

„Sehr richtig! Es klingt vielleicht paradox, aber je größer die Großen mit ihrem ‚T.Q.M.-Gehabe' werden, desto austauschbarer werden sie und desto mehr Raum gibt es für die Kleinen, sich mit revolutionären Ideen dazwischenzudrängen. Wir müssen Wege gehen, die die Großen gar nicht kennen."

> „Nicht Zielvereinbarungen halten Menschen zusammen und motivieren, sondern Wege."
>
> Herbert Fassbender

„Ist es denn nicht so, dass sich die ‚T.Q.M.-Fraktion' formierte, um Entscheidungssicherheit, Vertrauen und Transparenz dem Kunden zu geben? Dass es also nicht vordergründig darum ging, neue Wege zu gehen, sondern darum, das Enttäuschungsrisiko zu minimieren?"

„Ja, sicher. Dies ist übrigens eine schöne Umschreibung zum Thema. Aber stellt sich dabei nicht auch die Frage, warum der Kunde diese mit Brief und Siegel attestierte Sicherheit überhaupt benötigt? Kann es nicht sein, dass der Kunde durch

Läßt sich Freundlichkeit standardisieren?

vermeintlich perfekt dargebotene Leistungen auch abstumpft? – Und ergänzend: Tritt langfristig nicht Langeweile ein durch einseitige, durch und durch organisierte, man möchte fast sagen: stereotype Angebote? Und weiter: Müssen wir nicht bereits bei der Planung den Kunden mit ins Boot nehmen, damit wir seine individuellen Bedürfnisse befriedigen?"

"Junge Hüte" zur St. Goarer Tafelrunde 2005

„Treffen wir also zu oft einsame Entscheidungen, in bester Absicht zwar, aber am potenziellen Adressaten vorbei?"

„Die Gefahr zumindest besteht. Jedenfalls bin ich überzeugt, dass jede systematisierte Dienstleistung uns in eine Art Monokultur versetzt. Wenn sich unsere Mitarbeiter ausschließlich auf das schematisierte System verlassen müssen, ermuntern wir sie ja geradezu, das eigenverantwortliche und kreative Denken abzuschalten, nach dem Motto: Das steht nicht in den Vorschriften!"

„Hier könnte man ja fast behaupten: Die Gutgläubigkeit (um nicht zu sagen Einfältigkeit) des Kunden wird in Systemen ausgenutzt, weil er gelenkt wird."

„Das ist mir nun wirklich etwas zu schroff. Allerdings ist es ja typisch für immer mehr Bereiche des Lebens, dass wir auf dem besten Wege zu einer durchrationalisierten, gleichgeschalteten Gesellschaft sind. Und dagegen sträube ich mich ganz entschieden. Man kann nur davor warnen, dass wir uns an eine McDonaldisierung unseres gesamten Alltags gewöhnen!

Neue Wege sind eher die der Nischenkultur, die der Differenzierung und die der kreativen Ideen – unterstützt durch individuelle Absprachen mit dem Kunden."

„Ich hoffe, wir können der McDonaldisierung widerstehen und an ihrer Stelle eine vernünftigere, menschlichere Welt schaffen."

Georg Ritzer

„Also zum Beispiel auch durch die bei uns üblichen Kunden-Fragebogen und Feedback-Kärtchen?"

„Ich habe mit einigen Gesprächspartnern in puncto Qualität schon des Öfteren über die Thematik Kundenorientierung gesprochen.

Sicherlich ist ein möglicher Weg die Befragung über Feedback-Kärtchen. Aber auch hier denke ich, dass diese anonyme Art der Kundenurteile veraltet ist, weil sie zu sehr abgestumpft und in ihrer Ehrlichkeit nicht direkt ist. Ein persönlich geführtes Gespräch hingegen kann viel aussagekräftiger sein und uns weiter voranbringen in der schnellen Leistungsverbesserung."

„Auch wiederum ein Vorteil gegenüber den Großen."

„Dazu fällt mir noch eine kleine Geschichte ein, die mir in einem Hotel (wieder mal in München – die Stadt lässt mich einfach nicht los mit meinen Negativerfahrungen) widerfahren ist. Es ging dabei um eine Reservierungsanfrage – eigentlich also um einen ganz alltäglichen Routinevorgang.

Kurz: Ich rief morgens um 8.00 Uhr besagtes Hotel an und äußerte eine ganz banale Bitte: ‚Ich benötige ein Zimmer für die Nacht, komme aber bereits um 12.00 Uhr an.' Antwort: ‚Sie müssen wegen der frühen Anreise zunächst ein Tageszimmer buchen und dann das Zimmer für die Nacht.' ‚Aber das gleiche Zimmer?' fragte ich. Völlig absurd: Ich wurde dann an zwei verschiedene Reservierungszentralen weitervermittelt, um beiden meine zwei (!) Buchungswünsche nochmals vorzutragen. Auf meine Frage nach dem Sinn dieser Maßnahme kam prompt die erhellende Antwort: ‚Es sind eben zwei Reservierungszentralen.' Die Dame schien meine Verwunderung gespürt zu haben und gab mir noch einen wohlmeinenden Tipp: ‚Am besten buchen Sie jetzt nur ein Tageszimmer und verlängern dann vor Ort um eine Nacht. Das wird für Sie günstiger.' Aha! ‚Dann ist es aber doch nicht sicher, ob ich für eine Nacht noch einen Platz zum Schlafen habe, oder?', erwiderte ich. ‚Nein, aber die Chancen stehen gut!', so die Dame. Es hat dann tatsächlich funktioniert. Aber auf meine Schilderung dieses verrückten Vorgangs, die ich sorgsam auf dem ‚Kritikkärtchen', gerichtet an den General Manager, notiert hatte, erhielt ich bis heute keine Antwort.

Soviel zu den ‚Großen', ihrer Organisation, Kreativität und Kundenorientierung."

„Die es uns mit solchen Kuriositäten unfreiwillig leicht machen, uns durch kundenorientiertes, individuelles Handeln zu profilieren und uns abzuheben von der Masse."

„Genau. Nachfrage und positives Feedback sind ein viel direkteres und zuverlässigeres Messinstrument als Zertifizierungskontrollen im Jahresrhythmus.

Auf dieser Erfahrung können wir aufbauen und weiter nach vorne arbeiten."

In den „Katakomben" unserer Burg
im August 2006

Hans Jürgen Heinrich

(* 1952) ist Objektleiter und Chefredakteur der Fachzeitschrift
Convention International und „rund um den Globus" unterwegs in
Sachen Tagungen, Kongresse, Events & Incentives

9. SCHLAGWORT: INNOVATION

oder:
„Branchenrevolutionäre basteln nicht an den
Gewinnspannen herum: Sie jagen alte Geschäftsmodelle
in die Luft und entwickeln neue!"

Gary Hamel

GERD RIPP: „Irgendwie treten wir angesichts immer rasanter wer-
dender globaler Entwicklungen auf der Stelle. Die besten Ideen
werden kaputt geredet. Vordenkern, die den Kopf zu früh aus der
Deckung stecken, wird er – salopp ausgedrückt – weggeschossen. In
Politik, Wirtschaft und Gesellschaft gleichermaßen. Im Prinzip sind
die Probleme erkannt, denn Kampagnen wie ‚Deutschland, Land
der Ideen' weisen auf einen entscheidenden Mangel hin: Es fehlt an
Innovation, es fehlt an Kreativität. Im Hotelbereich war für mich die
einzige herausragende und weltumspannende Innovation der letzten
Jahre die revolutionäre ‚Handtuch-Nummer'…"

HANS-JÜRGEN HEINRICH: *„Du sprichst vom in alle Sprachen über-
setzten und vom Ein- bis Fünfsternehotel benutzten Badezimmer-
Aufkleber, der dazu auffordert, die benutzten Handtücher so lange
wie möglich weiterzuverwenden, um die Umwelt zu schonen, und sie
nur dann auf den Boden zu werfen, wenn ein Austausch gewünscht
ist?"*

„Genau. Hier hat man den Umweltgedanken geschickt vor den
Karren der Kosteneinsparung gespannt. Das war eine simple Idee,

Der Handtuch-Berg als große Innovation?

die global betrachtet gewaltige Einspareffekte auslöst ohne große Investitionen. Fällt der Branche denn sonst nichts mehr ein, sind die Hoteliers ein konservativer Haufen?"

„Nun, es ist in der Branche schon einiges passiert in den letzten Jahren. Die Wiedervereinigung und der rasante Globalisierungsdruck haben viele Entwicklungszwänge ausgelöst, aber natürlich auch von manch substanzieller Innovation abgelenkt.

Im Bereich elektronischer Reservierungssysteme – die Zahl der Internetbuchungen wurde in Europa 2006 fast verdoppelt – und auch im Zusammenspiel von Internet und Globalisierung sind viele Marketing-Innovationen entstanden. Denken wir an E-Learning, Video-Conferencing, eBay und vor allem an die gesamte Marketingevent-Kultur, mit der die Verantwortlichen im Veranstaltungs- und Hotelgewerbe Kunden und Mitarbeiter wieder über ‚den Bauch' und nicht durch die Vermittlung von Floskeln und trockenem Lehrstoff erreichen wollen. Hättest Du vor 10 Jahren gedacht, dass man seinen Strom mal bei wechselnden Anbietern wie einen Kasten Bier kaufen kann?"

„Na ja, da ist manches überschätzt worden – vor allem: Im Vergleich zu meiner ‚Handtuchnummer' waren fast immer hohe Investitionen notwendig. Ich glaube wie Tom Peters, dass man 95 % Psychologie und Einstellung braucht und nur fünf Prozent Technologie.

Denn: Technik ist eine Hilfsfunktion; die wahren Innovationsschübe entstehen aus der Betrachtung der Lebenswirklichkeit."

„Stimmt. Aber ich will woanders hin. Konservativ ist nämlich das falsche Wort. Denn wenn der Zeitgeist blindem Veränderungsglauben huldigt, dann ist ein gesunder Konservatismus doch fast schon wieder revolutionär, oder? Nehmen wir das Schweizer Traditionsunternehmen Victorinox.

Der Hersteller des berühmten Schweizer Offiziersmessers hatte mit Wenger eine durchaus recht modern aufgestellte Konkurrenz. Die ist allerdings im Zuge der 9/11-Krise gescheitert und von Victorinox übernommen worden. Victorinox ist seit 120 Jahren im Familienbesitz, urgesund, verfolgt eine wertkonservative Führungsphilosophie, produziert ausschließlich in der ‚teuren' Schweiz, zahlt seinen mehr als 900 Mitarbeitern 14 Monatsgehälter, sorgt für stabile Arbeitsplätze. Ist das nicht fortschrittlich? Kontinuität, Wertorientierung und Offenheit für technologischen Fortschritt – so wird ein Schuh daraus!

Das Bekenntnis zu traditionellen Werten verlangt heute wieder Mut, denn es fordert: Schwimme gegen den Strom und Du kommst wieder an die Quelle! Die Antwort auf Deine Frage muss daher drastisch ausfallen: Die Hoteliers und andere Gruppen sind kein konservativer, sie sind vielmehr ein ‚feiger Haufen'! Mut ist eine der wichtigsten Eigenschaften beim Entwickeln und Vorantreiben neuer Ideen. Und es ist weder mutig noch kreativ, eine amerikanische Management-Methode nach der anderen nachzuäffen oder mit Schlagwortfetischismus Kreativität zu ersetzen: Total Quality Management, Benchmarking, Diversification, Outsourcing, CRM, ROI u.v.m."

„CRM – mir stehen die Haare zu Berge! Customer Relationship Management bedeutet doch oft nur, dass hinten im Büro über ausgefeilte Kundenbindungsstrategien nachgedacht wird, während vorne an der Front eine schlafmützige Rezeptionistin den Gast warten lässt oder der faule Kellner auf der Terrasse sagt: ‚Draußen leider nur Kännchen‘…"

Servicekultur aus vermeintlich vergangenen Zeiten

„… was der kreative Gast heutzutage mit ‚Dann bitte einen Cappuccino!‘ kontern kann.

An den meisten englischen Schlagwort-Mätzchen haben oft nur die falschen Propheten verdient. Die ganze hektische Methoden-Kopiererei – Amerika lässt grüßen! – hat die Manager ausgelaugt, sie in den Würgegriff von ROI getrieben und teilweise auf falsche Kriegsschauplätze geführt. Mit einer stereotypen Methodik hat man ihnen häufig die Chance zur Kreativität gründlich ausgetrieben. Heute ist alles ‚abgeguckt‘, denn Benchmarking heißt nichts anderes als ‚Schauen, wie's die anderen machen‘ und im schlimmsten Fall kopieren – ob's in die eigene Unternehmenswirklichkeit passt oder nicht. Da ist es kein Wunder, dass wir bereits eine wissenschaftlich durchaus ernst zu nehmende Gegenbewegung zu Benchmarking-Theorien haben.

Risikoscheu ist eine weitere Innovationsbremse. Es wird eine Mordsenergie darauf verwendet, Skandale zu vertuschen; über Krisen trickst man sich hinweg, anstatt sie zuzulassen und als echte Chance *für Erneuerung im Denken zu begreifen. Risiko-Minimierung ist ein Erbsenzähler-Fetisch und Totengräber für Visionen."*

„Zum Thema falsche Propheten: Kürzlich habe ich gelesen, dass einige Unternehmensberatungsfirmen bis zu 30%ige Zuwächse haben, die von ihnen betreuten Unternehmen allerdings häufig nur 3 %.

„Wenn Sie glauben, alles unter Kontrolle zu haben,
fahren Sie noch nicht schnell genug."

Mario Andretti

Darüber sollte man einmal nachdenken. Dennoch sucht immer mehr Durchschnitt hilflos Rat bei auf DIN-Format getrimmten Beratern. Manchmal ‚Abratern'. Das Entscheidende an einer guten Idee ist nämlich nicht, ob sie jetzt und hier machbar ist, sondern ob sie denkbar ist. Alles, was heute gedacht werden kann, kann morgen auch gemacht werden, strategisches Agieren ist wichtiger als taktisches Herummanipulieren, um die nächsten Quartalszahlen noch irgendwie ‚hinzukriegen'. Anpassung und Durchschnitt sein – das hat auf mich noch nie besonderen Reiz ausgeübt. Lieber mit Stil an einer großen Sache scheitern ..."

„... oder ganz altmodisch: Wer nicht wagt, der nicht gewinnt! Kreativität wächst aus dem Wollen und nicht aus dem Müssen. Die meisten Hotels sind heute erheblich fremdfinanziert und fremdgesteuert. Die Angst vor permanenten und kurzfristigen Rechtfertigungen in den menschenfeindlichen und viel zu großen Konstrukten bestimmt die taktischen Manöver der Manager. Investitionen werden im Vorfeld

schöngerechnet, die Betreiber schlagen sich dann mit dem unrealistischen Ergebnisdruck herum.

So etwas führt nicht zu Kreativität, sondern zu Gastritis, und dieser Wortstamm hat nun gar nichts mit dem Gast zu tun. Will man dann solche Topmanager – die leider nichts mehr mit dem Unternehmer alter Prägung gemein haben! – in die langfristige Rechtfertigung für ‚unterlassene Kreativität' nehmen, sind die schon längst wieder gut dotiert für neue Feudalherren an einer anderen Baustelle mit ROI und Shareholder Value beschäftigt. Feiglinge sollten erkannt und verdrückt werden, ehe sie sich verdrücken!"

„Einspruch, Euer Ehren! Auch mein Unternehmen ist hoch fremdfinanziert, mein Handeln aber weitgehend frei und strategisch ausgerichtet. Freiräume haben eben auch viel mit Vertrauen, Kontinuität und persönlicher Haftung zu tun. Vom Vertrauen der ehemaligen Besitzer von Schloss Rheinfels zum persönlichen Vertrauen meiner Bank und meiner Diamond-Club-Aktionäre. Ich hafte mit der gesamten Existenz meiner Familie und glaube auch, nach 25 Jahren auf ‚meiner Rheinfels' genau zu wissen, wovon ich rede."

„Das alles unterscheidet eben den ‚gewieften' Unternehmer vom ‚gebrieften' Manager eines Großunternehmens. Und: Du vertraust auf Dein intaktes, nicht verschultes ‚Bauchgehirn' – benutzt eben beide Gehirnhälften. Das ist das Allerwichtigste. Unser nacktes ‚Überlebensgehirn' (das Neandertalergehirn) ist nämlich von Natur aus nur auf schnelles Erkennen und Handeln ausgelegt. So sieht ein typisches Managerhirn aus: Aktion – Reaktion. Aber nur in der Kombination von ‚Bauchgehirn' und Großhirn, linker und rechter Hirnhälfte, entsteht echte Kreativität. Die meisten

Manager haben verlernt, auf ihre Intuition zu vertrauen, schlimmer noch: Sie haben es nie gelernt! Prägende Kindheitserfahrungen im Sinne von ‚Aus nichts was machen', von Gewinn und Verlust, von Risiko und Belohnung, Fallen und Aufstehen werden im Sinne stromlinienförmiger Karrieren vermieden oder ausgeblendet."

„Also ist Kreativität eher vom ‚lebenserfahrenen Spinner', vom aufgeklärten Querdenker zu erwarten als vom angepassten Einser-Abiturienten aus dem BWL-Durchlauferhitzer?"

„Genau. Lernstrategisch ist ein links und rechts von der Mittellinie abweichender Pfad zum Ziel zwar länger, aber deutlich erlebnisreicher. Kreativ ist vor allem der, dem hohe Lebenserfahrung – und das ist nicht eine Frage des Alters, sondern der Erlebnisdichte! – das Bauchgehirn ‚gefüttert' hat. Die meisten ‚Bilderbuchkarrieren' sehen heute leider anders aus. Allzu oft muss daher mit Weiterbildung schlechte Bildung ersetzt werden. Bildung und Wissen können die meisten kaum noch unterscheiden. Viele traditionelle Tugenden spielen in der wissenschaftlichen Managementlehre keine Rolle mehr."

„Halt! Du willst doch hier nicht in einer komplexen, von Wissenschaft bestimmten und hochtechnisierten Welt den in die Tiefe ausgebildeten Spezialisten ‚schlachten' – große technische Innovationen sind ohne den hoch trainierten Fachmann einfach nicht mehr denkbar!"

„Richtig. Der gehört auch bei Brainstormings und im gesamten Entwicklungsprozess zwingend dazu. Wobei man immer aufpassen muss, dass die Bedenkenträger im Teamprozess nicht den faulen Kompromiss herbeizwingen oder Ideen zu Tode reden, wie wir das ständig in der Politik erleben.

*Auf die Kommandobrücke gehört ein möglichst umfassend vom Leben
ausgebildeter Generalist zu stehen, der mit ‚dem richtigen Riecher'
die Richtung erkennt und vorgibt. Leadership ist gefragt."*

Ein Beispiel:

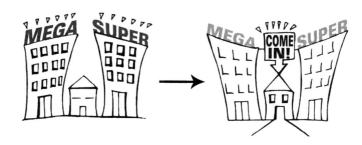

*„Ein kleines Hotel wurde links und rechts zugebaut von gewaltigen
Kettenhotels. Eine kleine Kreativitätsaufgabe:*

*Wie kann der ‚arme Kleinhotelier' da noch für Aufmerksamkeit
sorgen? Er hat es auf jeden Fall ohne teure Investitionen versucht,
denn Kreativität war der preiswerteste Rohstoff, den er hatte!"*

„Wer mehr lernt, ‚weiß' mehr, hat die Nase vorn, wenn es darum geht, die richtigen Dinge zu tun, anstatt die Dinge nur richtig zu tun! Der zielstrebig ausgebildete Karrierist oder der durch Umwege zum Ziel Gekommene?

Merke: Auch Thomas Alpha Edison hat über 1200 Versuche benötigt, bis die Glühbirne erfunden war ...“

„Die Zeiten sind reich an Chancen – und voller Risiken.
Und sie sind nicht für Kompromisse gemacht.“

 Tom Peters

„Bei der Belagerung einer Stadt ging den Belagerten nach Wochen der Nahrungsmittelvorrat aus. Nur noch ein Rind und zwei Säcke Getreide waren vorhanden. Der Stadtkommandant ließ kurzerhand den Ochsen schlachten, ihn mit dem Getreide füllen und mit schallendem Spott und

Gelächter auf die Belagerer vor der Stadtmauer werfen. Die waren völlig verwirrt und nun fest davon überzeugt, dass es unmöglich sei, die Stadt auszuhungern. Sie zogen am gleichen Tag noch ab.

Von einem derart ‚unverantwortlichen Vorgehen' hätte jeder Konsultant, jeder in Wahrscheinlichkeitsrechnung ausgebildeter Mathematiker und Shareholder dringend abgeraten."

„In diesem Unternehmen werden Sie entlassen,
wenn Sie keine Fehler machen!"

Steve Ross

„Das heißt: Ein mögliches Scheitern schadet dem Menschen weniger als das vermeintliche Abgesichertsein. Das Festhalten an Ochs und Getreide wäre eine solche typische trügerische Sicherheit gewesen.

Wenn Menschsein von Natur aus in das Wagnis konzipiert ist, ist Angst vor Veränderung lebensfeindlich. Deshalb dreht sich die Zukunft um verrückte Ideen, nicht um das Herumschrauben am vermeintlich Bewährten, sondern um völlig andere und nicht nur neue Geschäftsmodelle, die manchmal – die alten sind! Denn wenn das Neue nur besser ist, weil es neu ist, dann hat es das Alte schon in sich. Was hältst Du in diesem Zusammenhang von ‚modernen' Erscheinungen, von der Flut mit ‚innovativen' Starköchen, Hotelgutscheinen oder ‚Zweimal übernachten, einmal bezahlen'?"

„Mein modernes Erfolgskonzept liegt gleich um die Ecke. Dort wird zu einem vernünftigen Preis-Leistungs-Verhältnis einfach gut gekocht

und der Laden ist voll. Ohne Michelin-Stern, ohne GaultMillau-Haube, ohne Gewürze aus der Rinde eines nepalesischen Schicki-micki-Baumes. Ein Koch ist ein Koch, ein guter oder ein schlechter, aber kein Star. Basta.

Ich habe natürlich nichts gegen Fingerfood, Sushi und pfiffige neue Esskonzepte, wenn die nicht gerade daraus bestehen, pochierte Garnelen-Nierchen an geraspeltem Melonenmark anzupreisen.

Es geht auch ganz anders und vor allem ist es immer dumm, auf den letzten Waggon eines Zeitgeistzuges aufzuspringen.

Dann lieber im Triebwagen einer Bahn sitzen, die in die andere Richtung fährt. Das ist dann plötzlich wieder innovativ. Wir erleben eine Renaissance der Hausmannskost – Zyklus/Antizyklus.

Und zu Deiner Gutschein-Frage: Wir reden nicht über Kreativität oder Innovation, sondern über Hilflosigkeiten und Verzweiflungstaten, weil einem nichts Besseres einfällt, um die Belegungsrate zu steigern. Über den Preis zu operieren ist kurzatmig und macht anfällig für Angriffe der Konkurrenz – es sei denn, man hat die Marke über den Preis auf-gebaut, wie es die Low-Budget-Hotels beispielhaft vorexerzieren."

„Das ist aber zunehmend ein Problem, weil ein weiter wachsendes Überangebot an Kapazitäten stagnierender Nachfrage gegenüber-steht. Welche Kreativitätsressourcen kann man dann überhaupt noch anbohren?"

„Kreativitäts-Ressourcen ist ein sehr gutes Stichwort. Kreativität hat viel mit geistigem Temperament, Talent und einem gut gefüllten

Instrumentenkasten aus Fach- und Allgemeinbildungswerkzeugen zu tun. Wer kein umfassend gebildeter ‚unruhiger Geist' ist, der kann sein Potential über das Erlernen von Kreativitätstechniken sicherlich besser nutzen lernen. Aber: Ein Kreativer im besten Sinne wird er vermutlich nie!

„Der Wurm muss dem Fisch schmecken und
nicht dem Angler!"

alte Marketingweisheit

Zurück zur Frage: Die ‚Großen' versuchen im Wesentlichen Markt zu machen über Brandbuilding, Aufbau und Pflege eines Markenbildes, um in Massenmarkt und informeller Reizüberflutung unverwechselbar zu werden. Dazu kommen schlagkräftige internationale Angebots- und Buchungssysteme und akribisches Yield-Management. Markenbildung heißt im Wesentlichen: Aufmerksamkeit erzeugen. Markenbildung geht nicht ohne Ehrlichkeit und Kontinuität, vor allem nicht ohne einen gewissen Design-Anspruch – was bei den ‚Kleinen' immer noch stark vernachlässigt wird. Eine Marke zu bilden heißt aber vor allem anderen: Spezialist für WOW!-Effekte zu werden. Das fällt natürlich einem Kettenhotel, das aus konzernstrategischen Gründen oft an übersetzte Standorte platziert wurde, schwerer als dem privat geführten Haus, das fest in der Heimatregion verankert ist. Wow!-Effekte erzielt man, indem man sich mit besonderen Ideen von den Mitbewerbern abhebt. Das ist ein kontinuierlicher Flow, ein Prozess, der nie aufhört und auf allen Ebenen des Unternehmens gelebt werden muss. Auch hier gilt: Im Mainstream erzielt man keine Wow!-Effekte!"

„Da fällt mir der Leitsatz eines innovativen Geistes aus der Event-szene ein. Peter Gastberger, Gründer und Betreiber des ersten Event-ressorts (Wolfgangsee) und enger Freund des Red-Bull-Gründers Dietrich Mateschitz, hat auf den Punkt gebracht, was zu tun ist:

‚ÜBERRASCHEN – VERBLÜFFEN – BEGEISTERN!'

Mateschitz hat übrigens innerhalb weniger Jahre zwei Milliarden Euro Vermögen aus dem Nichts geschaffen – mit einer kreativen Idee, an die fast zwei Jahre lang keiner glauben wollte – außer Mateschitz selbst. Auch er hat überrascht, verblüfft und – begeistert! Mit einem fast reinen Marketingprodukt."

„Das ist der Kreativen reinste Zauberformel: Aus Nichts was machen! Auch Mateschitz muss wohl als Kind mit selbst-geschnitzten Holzschwertern gespielt, Räuberbanden ge-gründet und Martinslaternen gebastelt haben. Das verleiht Flügel. Spaß beiseite: Man sieht eben immer wieder, dass Kreativität primär in den

In kürzester Zeit aus dem Nichts zur gefeierten Marke

Marketing- und Entwicklungsabteilungen zuhause ist. Heute wird leider den Controllern und Einkäufern eine Macht über Denkpro-zesse eingeräumt, die sich häufig geradezu fatal auswirkt. Rück-wärts gewandte Strategien nennt man vornehm Konsolidierung – wenn einem in Produkt-Design und Marketing nichts mehr ein-gefallen ist."

„Eben – weil die Rechenkünstler den Erfolg einer Planung oder Investition nur danach beurteilen, ob sechs oder zehn Prozent Zinsen für die erforderlichen Finanzmittel aufgewendet werden müssen. Ruckzuck ist man dann als Erbsenzähler im falschen Film und der schnellere Konkurrent zieht uneinholbar vorbei.

Lass uns aber noch einmal zurückgehen zum Begriff ‚konservativ'. Eigentlich werden doch die meisten Managementprozesse von den Verteidigern der Vergangenheit blockiert. Du forderst auf der einen Seite eine Rückkehr zu konservativen Werten, sprichst im gleichen Atemzug von progressiven Konzepten. Wie passt das zusammen?"

„Mit ‚konservativ' meine ich nicht ‚Das haben wir immer schon so gemacht!' oder Angst vor Veränderung. ‚Traditionell' kann hingegen gar nicht so schlecht sein, wenn ich mir Unternehmen anschaue, die seit über hundert Jahren erfolgreich im Markt stehen, aber notwendige Innovationen weder verschlafen noch fehlinterpretiert haben.

> „Wer vor der Vergangenheit die Augen verschließt,
> wird blind für die Gegenwart."
>
> Richard von Weizsäcker

Wir begegnen derzeit einer starken Strömung, die eine Wiederbelebung der alten Kardinaltugenden fordert. Der Fachmensch ohne Geist, der Genussmensch ohne Herz – vor hundert Jahren waren das bereits Horrorvisionen des Soziologen Max Weber. Die Vision ist Realität geworden. Von Karl Kraus kommt der Satz: ‚Wenn eine Kultur spürt, dass es mit ihr zu Ende geht, dann lässt sie den Priester kommen.' An der zunehmenden Zahl von Managern, die zur Besinnung ins Kloster gehen, aber auch an dem fast schon guruhaften Erfolg von Pater Anselm Bilgri als Management-Trainer erkennt man, dass die Menschen auf der Suche sind. Das gesunde Rückgrat allen Vorwärtsstrebens sitzt nämlich ,hinten' – wie im richtigen Leben."

„Innovation, Erfolg und Wertekultur sind also keine Gegensätze?"

„Keinesfalls. Der Kölner Trainer Hubertus Zilkens hat es einmal so formuliert: ,Wir stehen auf den Schultern unserer Vorfahren und verfügen dort über den ganzen abendländischen Braintrust vieler Jahrhunderte. Das erst ermöglicht unsere Perspektiven nach vorn.

Und nun schulde ich Dir noch die Kardinaltugenden: Klugheit, Gerechtigkeit, Tapferkeit und natürlich das rechte Maß! Schau Dir die täglichen Flops in der Zeitung an und es wird klar, was alles hätte vermieden werden können, wären diese Tugenden beherzigt worden.

Es gehört also Klugheit dazu, den falschen Zeitgeist vom echten Fortschritt zu unterscheiden. Es braucht Gerechtigkeitssinn, eine Gesellschaft nicht in eine tiefe Kluft von Arm und Reich treiben zu lassen. Wer nicht tapfer ist, beugt sich falschen Propheten. Es braucht wieder Tapferkeit, um Disziplin, Treue, Ehrlichkeit zu verteidigen. Sogar die Bibel muss verteidigt werden und der gute alte Goethe, von dem mancher Trainer-Guru Thesen abgeleitet hat und von denen er gut leben kann, weil seine erwachsenen Schüler die Quelle nicht mehr kennen."

„Jawohl! Der Baukasten der Wahrheiten ist alt – ... und in puncto ,rechtes Maß' wären wir dann bei den Herren Esser & Co., die es blendend verstanden haben, für sich das rechte Maß an Geschmacklosigkeit zu definieren."

„Es gilt das rechte Maß vor allem bei Innovationen zu finden, damit man Menschen und Organismen nicht überfordert, andererseits aber auch entschieden und schnell genug agiert.

Die Kardinaltugenden Bildung, Geschichte, Erfahrung, Werte, unruhige Geister – wer hätte zu Beginn unseres Gespräches über das Schlagwort ‚Innovation' gedacht, dass wir hier enden?"

„Immerhin: Es passt – und nur einmal so nebenbei: Einige meiner bisherigen Gesprächspartner haben sich immer wieder mit den sogenannten Minimaltugenden und der Prinzipientreue beschäftigt – was mich natürlich freut!

Und auf einer alten Burg, wo wir mit neuen Konzepten die traditionellen Werte der Gastlichkeit wieder beleben und weiterentwickeln, haben wir wohl auf das richtige Pferd gesetzt?!"

„Ein schöner Schluss. Dem ist nichts hinzuzufügen."

„Convention"-Redaktionsbüro – Neuwied
im September 2006

Werner Treichel

(* 1931) Verkehrsdirektor a.D. der Stadt Boppard,
Thonet-Experte und Initiator des Begriffs ‚Innenmarketing' –
Gastdozent an der FU Berlin

10. Marketing von innen – ein Weg?

oder:

„Ich bin ein netter Mensch!"

Werner Treichel: *„Man könnte ja nun bei dem Wort Marketing meinen, dass an dieser Stelle über eines der wesentlichsten Instrumente des Managements gesprochen werden soll. Der Leser ist höchstwahrscheinlich nun auch recht neugierig, was wir beide zu diesem Thema zu sagen haben.*

Doch folgen wir mal wieder Deinem Motto ,Gegen den Strom', so werden wir uns sicher nicht über den reichen Schatz der tausendfachen Marketing-Ideen – nach außen hin – auslassen, sondern uns mit dem touristischen Innenmarketing beschäftigen."

Gerd Ripp: „Genau dies ist meine Absicht. Zum einen deshalb, weil ich denke, dass auch hier schon zu viele Bäume gefällt worden sind, um all die Artikel und Bücher zum Thema Außenmarketing zu schreiben, und ich es demnach nicht noch weiter ausreizen möchte. Und zum anderen weiß ich, dass ich in Dir die Koryphäe gefunden habe, die den Begriff Innenmarketing als Erster in Deutschland geprägt hat. Also spannend genug, um von einem ehemaligen Fremdenverkehrsdirektor und Marketingexperten in ein so wichtiges Thema entführt zu werden.

Ich freue mich sehr darauf; auch deshalb, weil wir uns ,notgedrungen' über die touristische Vermarktung unseres wunderschönen Welterbes

Tal der Loreley unterhalten werden müssen. Jedoch – und dies möchte ich dem Leser vorab mitteilen – werden wir nicht umhinkommen, uns auch über Trends der kommenden Jahre zu unterhalten, die den Markt im Hinblick auf Außen- wie auch Innenmarketing prägen werden."

„Dann sollten wir vorab aber auch noch die Begriffsbezeichnung Innenmarketing in Erklärung bringen. Denn dort streiten sich noch die Gelehrten. Die einen beziehen nämlich den Begriff auf das Ziel, die Mitarbeiter zu motivieren, indem Handlungsbereitschaft und -freiheit für mehr Effizienz geschaffen wird. Und die anderen — zu denen auch ich gehöre — verstehen eher darunter, sich tagtäglich mit dem Themenkomplex der innerörtlichen und regionalen Zusammenarbeit zu beschäftigen. Innenmarketing entpuppt sich somit als Basis für alle weiteren Marketingstrategien nach außen."

„Nachdem ich das Thema Mitarbeitermotivation in diesem Buch wohl zur Genüge behandelt habe, bin ich ganz froh, dass es hier nun über das Miteinander im Tourismus geht.

Was sind vom Grundsatz her eigentlich die besten Voraussetzungen, um im Innenmarketing eine Chance auf Erfolg zu haben?"

„In Stichworten: Vollbluttouristiker, Idealist und Optimist.

Zudem muss es der feste Wille sein, die Menschen einer Region und deren Gäste und Kunden im Sinne des wirtschaftlichen Erfolges zusammenzubringen.

Bringst Du diese Eigenschaften an den Tag, wird Dein Engagement zum Besten eingesetzt sein. Innenmarketing wird dann

gelebt durch die Eigenschaften Kommunikationsfähigkeit, Infor-
mationsverhalten, Überzeugungsstärke, Kooperations- und Kontakt-
fähigkeit sowie durch Gesprächsbereitschaft."

„Mit anderen Worten: Es kommt auf die Partner an?"

„Natürlich! Denke ich an meine ersten Tage als Verkehrsamtsleiter in
Boppard, war es die primäre Aufgabe, der Bevölkerung, sprich: allen
Schichten, Zielgruppen, Gewerbetreibenden, Vereinen, Schulen usw.,
klarzumachen, was die touristische Motivation unserer Stadt bein-
haltet. Und ich kann Dir flüstern, dass dies eine Art innere Mission
unter erschwerten Bedingungen war.

„Wenn das Leben keine Visionen hat, nach denen man streben
kann, nach denen man sich sehnt, die man verwirklichen
möchte, dann gibt es auch keine Motive, sich anzustrengen."

 Erich Fromm

Einem Gemüsehändler kannst
Du noch klarmachen, dass
auch er vom Tourismus lebt,
aber frage einmal den Bänker,
die Vereine, die Schulen oder
die Bundesbahn! Hier stößt
Du teilweise auf Unverständ-
nis bis hin zu Missmut. Ganz
nach dem Motto: ‚Lass uns in
Frieden, Fremder!'"

Die Rheinschleife mit
Blick auf Boppard

„Dann verstehe ich es so, dass Du in einem Fremdenverkehrsort die totale Integration aller forderst. Um es noch deutlicher zu sagen: Du forderst alle auf, eine touristische Grundeinstellung zu begreifen und zu leben?"

„Ich hatte ja bereits im Vorfeld das Vergnügen, Deine ersten Inter-views in diesem Buch zu lesen. Verlangst nicht auch Du von Deiner Mannschaft eine Art Dienstleistungsbereitschaft, die auf Ehrlichkeit, Emotionen und Integration aufbaut? Und was, frage ich Dich, ist der Unterschied zwischen einem Hotel, das ich leite, oder einem ganzen Ort beziehungsweise einer touristischen Region, der ich verantwort-lich vorstehe?"

„Wen fragst Du das? Natürlich sind mir die Belange unseres Fremden-verkehrs bewusst. Dafür habe ich nun schon weit mehr als zwei Jahr-zehnte über die Führung eines Hotels hinaus in den verschiedensten Gremien, Verkehrsvereinen, Gastro- und Erfa-Gruppen mitgewirkt. Aber meine Erfahrung lehrt, dass es recht schwierig ist, alle unter einen Hut zu bringen. Ich habe ja schon genug Arbeit damit, dies mit meinen Mitarbeitern zu schaffen. Bei allem Gemeinwohl und koo-perativem Denken, mich übergreifend für die Region einzusetzen: Nachdem ich buchstäblich immer wieder gegen Wände angerannt bin, habe ich mittlerweile die Lust daran verloren.

Ich behaupte sogar, dass die Menschen unserer Region nicht dazu geboren sind, sich ‚fremdenorientiert' zu verhalten.

Mehr noch: Viele schaffen es nicht oder lehnen es gar ab, sich mit dem wichtigsten Wirtschaftsfaktor, dem Tourismus, so zu identifizie-ren, wie dies in den meisten anderen Ferienregionen der Fall ist."

„Da gebe ich Dir allerdings recht und füge gern einmal ein Beispiel mit an: Wanderst Du in einem bayerischen, verträumten Urlaubs-örtchen über die Straßen und ein netter Bauernbub, gerade aus der Schule kommend und mit Ranzen bepackt, kommt Dir entgegen, hörst Du seinerseits sicherlich ein freundliches ‚Grüß Gott' – bei uns im Rheintal ist dies wohl seltener der Fall!"

„Ein schönes und bezeichnen-des Beispiel. Dies liegt wohl klar daran, dass dort Fremdenverkehr im Allgemeinwohl gelebt wird, Tradition hat und es den Menschen in die Wiege gelegt wurde. Sie identifizieren sich damit und nehmen diesen hohen Stellenwert der Gastfreundlichkeit bewusst an. Aber woran liegt es dann, dass

Bayerische Lebensart als Synonym für Gastfreundschaft.

wir Rheinländer, die wir doch eigentlich als besonders kontaktfreudi-ges und lebenslustiges Völkchen gelten, nicht so gepolt sind?"

„Nun, das hat wohl viele Gründe. Zum einen sind es die Lorbeeren der goldenen 60er und 70er Jahre, auf denen sich die älteren Touris-tiker-Generationen noch immer ausruhen – einer Zeit, wo der Nach-holbedarf und die fröhliche ‚Sause' die einzigen Bedürfnisse der ‚Fremden' waren und hier bei uns im Tal das große Geld gemacht wurde, ohne mit einem großen Anspruchsdenken der Gäste konfron-tiert gewesen zu sein. Und, um wieder voll ins Thema einzusteigen, es liegt zum anderen aber auch am fehlenden Innenmarketing der Gemeinden."

„Ich setze noch einen drauf! Es fehlt ja meist schon das Miteinander unter den gastronomischen Kolleginnen und Kollegen. Auch dies wird wohl ein guter Grund sein, dass der Gast das Gemeinwohl nicht bestens erkennen kann. Aber hier kommen wir ein wenig vom Thema ab. Gern würde ich einmal ein paar Beispiele von Deiner durchaus erfolgreichen Arbeit in Boppard hören und davon, wie Du dort Innenmarketing gelebt und vor allem vorgelebt hast."

„Sei willkommen, Fremder!"

Horst Fußhöller

„Ich möchte es nicht so sehr ausschmücken – aber gern, hier nur mal zehn Beispiele in Kurzform:

- Ich habe im Wechsel zeitweise eine Bank dazu gebracht, dass sie auch am Samstag geöffnet hat.

- Entsprechende Öffnungszeiten gab es natürlich auch für das Fremdenverkehrsamt.

- In einem Zeitungsartikel habe ich die Bürger Boppards gebeten, Prospekte ihrer Heimatstadt mit in den Urlaub zu nehmen, um dort Werbung für ihre Stadt und die Region zu machen.

- Gästeehrungen, Ehrenwinzer, Patenschaften und Journalistenbetreuung wurden fest installiert.

- Die Tankstellen und Kioske wurden durch Bestückung von Informationsmaterial, Stadtplänen und Prospekten als Informationscenter genutzt.

- Regelmäßig habe ich in verschiedenen Schulen und Klassen Vorträge über Innenmarketing durchgeführt.

- Die Deutsche Bahn legte Sonderstopps in Boppard ab 20 Personen ein.

- Alle öffentlichen Veranstaltungen waren undenkbar ohne den Verkehrsamtsleiter.

- Mit großem ‚Abendumzug' haben wir die Bürger von Boppard einmal jährlich an ihren Häusern abgeholt, die dann mit eigenem Stuhl bewaffnet zum ‚Bopparder Stuhlgang' auf dem Marktplatz zusammentrafen.

- Reklamationsmanagement wurde zur Chefsache erklärt und von mir höchst persönlich als erste Priorität behandelt.

... und um das Verständnis Innenmarketing am Beispiel abzuschließen, erlaube mir bitte noch einen Abdruck eines meiner ‚Rache-Kärtchen', von denen ich immer einige in der Tasche mitführe, um sie bei Bedarf einzusetzen."

„Die Rache des Kunden"

Ich bin ein netter Mensch!

Ich beklage mich nicht. Im Restaurant warte ich geduldig, wenn die Kellnerin mit ihrem Freund am Handy plaudert und sich nicht darum kümmert, ob mein Steak schon fertig ist. Manchmal bekommt einer, der nach mir gekommen ist, mein Steak. Aber ich sage kein Wort!

Ich bin ein netter Mensch!

Beim Shopping nehme ich Rücksicht auf meine Mitmenschen. Wenn mich eine Verkäuferin bedient, die giftig wird, weil ich mir, bevor ich kaufe, mehrere Artikel ansehen möchte, bleibe ich höflich und zuvorkommend. Ich kritisiere nie. Es würde mir nicht im Traum einfallen, wie andere Menschen in der Öffentlichkeit eine Szene zu machen. Das finde ich albern!

Ich bin ein netter Mensch!

Ich will Ihnen aber auch sagen, was ich noch bin. Ich bin der Kunde, der nie wieder zurückkommt. Das ist meine kleine Rache dafür, dass man mich herumschubst. Sicher, auf diese Weise kann ich meinem Frust nicht gleich Luft machen, aber auf lange Sicht ist das eine viel tödlichere Rache!

Ich bin ein netter Mensch!

Wer zuletzt lacht, lacht am besten, sagt man. Ich lache, wenn ich sehe, wie Sie wie Verrückte Geld für Werbung ausgeben, nur um mich zurückzuholen. Dabei hätten Sie mich von Anfang an mit ein paar netten Worten und einem freundlichen Lächeln behalten können!

„So, wie ich Dich kenne, hast Du – bei passender Gelegenheit – Deine ‚Rache-Kärtchen' wohl auch als Wink mit dem ‚Zaunpfahl' an die allgemeine Geschäftswelt verteilt – um vorzubeugen und zu unterstreichen, was Du unter Innenmarketing verstehst?"

„Sehr wohl, der Herr!

Ich hoffe, ich konnte mit diesem kleinen Exkurs dazu beitragen, Dir und Deinen Lesern einen kleinen Einblick in meine Philosophie des Innenmarketings zu geben."

„Da bin ich mir sicher! Lieber Werner, nun spannen wir den Bogen doch noch etwas weiter und bewegen uns im Bereich des Marketings einmal – wie bereits erwähnt – in die Zukunft. Schön, wenn Du mir dabei noch ein wenig Gesellschaft leistest.

> „Die Zukunft des Menschen steht auf dem Spiel;
> sie ist nur gesichert, sobald genügend Menschen
> sich dieser Einsicht nicht verschließen."

 Bertrand Russell

Ich möchte an dieser Stelle einmal behaupten, dass Marketing zu stromförmig in die Richtung geht, Kunden bzw. Gäste beeinflussen zu wollen. Wir müssen uns wohl von den Illusionen verabschieden, das Verhalten der künftigen Kunden manipulieren zu können. Unsere Gäste – um im Dienstleistungssektor zu bleiben – werden immer aktiver, mündiger und aufgeklärter.

Sie informieren sich vor dem Besuch eines Restaurants oder Hotels zum Beispiel via Internet und erwarten dann ein Höchstmaß an Individualität und Flexibilität."

„Da stimme ich Dir zu. Ich denke sogar, dass in der Angebotsvermarktung der letzten Jahre zu sehr auf fest verschnürte Pakete und Arrangements gesetzt wurde. Die Zeiten des ‚ans Händchen genommenen Gastes' sind schon längst vorbei. Ich würde sogar behaupten, dass die Welt der Touristik mal wieder einige Meilen hinter der Entwicklung herhinkt ... wie so oft!"

„Ich würde noch einen Schritt weitergehen und in diesem Zusammenhang sogar von sämtlichen Pauschalangeboten (sprich: Pauschal-Preisen) absehen. Denn mit Pauschalen erreichst Du keine Individualität, sondern läufst Gefahr, Dich in die Bereiche von Sonderpreisen und Rabatten zu bugsieren. Und der psychologische Nebeneffekt bei eigener Zusammenstellung der Leistungen oder dem Angebot von Bausteinen ist, dass die Preisempfindlichkeit beim Kunden nicht mehr so hoch ist."

„Und was sind dann die richtigen Ansätze? Welche Trends werden den Markt in den kommenden Jahren prägen? Und wie sähe Deine Zukunftsagenda für das Marketing in den kommenden Jahren aus?"

„Das wichtigste Zauberwort heißt Wohlfühlen! Wohlfühlen wird oberstes Ziel. Der reine Erholungs- und Erlebnisurlaub ist vorbei. In Zukunft wollen sich unsere Gäste vor allem wohlfühlen. Dass dabei die Qualität und ein fairer Preis stimmig sind, wird vorausgesetzt. Ausschlaggebend ist, wie ich in diesem Buch schon wiederholt konstatiert habe, die emotionale Komponente. Auf den Prioritätenlisten aller Nachfragen stehen derzeit immaterielle Werte wie Atmosphäre, Ruhe und Gastfreundschaft; gepaart mit den Wünschen nach natürlicher, ehrlicher und gewissenhafter Leistungsbereitschaft."

„Und wie schätzt Du das Reiseverhalten ein? Wird es wieder Zeiten geben, in denen der Gast länger verweilt als heute?"

„Ich denke, dass der Trend zum immer kürzeren Urlaub gestoppt ist. Wir bei uns im Schloss – als typisches Wochenendziel für Kurzreisende – verzeichnen bereits in diesem Jahr einen um durchschnittlich einen halben Tag verlängerten Aufenthalt, verglichen mit dem Zeitraum im vergangenen Jahr. Und dies nicht nur bei älteren Menschen, denen die Tage egal sein könnten, sondern zunehmend auch bei Berufstätigen, die entweder den Donnerstag voranstellen oder erst am Montag abreisen.

Diese Trends kann man natürlich nur erkennen, wenn man eine ‚Marketing-Kennzahlen-Kultur' in seinem Betrieb installiert hat. Folglich heißt dies ja dann fürs Marketing, andere Werbemaßnahmen zu fahren."

„Demzufolge ist Dein Ansatz, Marketing als einen Ablauf zu begreifen, der von der Anregung der Nachfrage über die Leistungszusammenstellung bis hin zur Schaffung neuer Märkte reicht?"

„Eine sehr gute Interpretation. Mit meinem Marketingleiter bin ich dabei – wenn dies auch noch ein längerer Weg ist –, künftige Marketingplanungen zu erstellen, die messbare Ergebnisse zum Ziel haben. Dabei geht es uns darum, die jeweiligen Aktivitäten getrennt zu betrachten, zu messen, zu kontrollieren und in ein Kennzahlen-Raster zu stellen. Anders ausgedrückt: Das heutige ‚Gießkannen-Prinzip' ist zu sehr nach außen orientiert und hat zu wenig Einfluss auf Innenmarketing (... da wären wir wieder bei Deinem Thema) und die individuellen Bedürfnisse der Gäste. Um dies besser steuern zu können, bedarf es einer Messung."

> „Der Erfolg hat drei Dimensionen: die Kosten,
> die Qualität und das Feeling, zur richtigen
> Zeit auf dem Markt zu sein."
>
> Matthias Scharlach

„Der bequemste Fall wird in dem Sinne wohl der Bereich der Kundenbindungsprogramme sein. Hier hat man doch sicher die besten Möglichkeiten des gezielten Einsatzes und der darauf folgenden Messung?"

„Schon. Aber auch dort genügt es heute nicht mehr, zum Beispiel irgendwelche ‚Trallalla-Mailings' zu versenden. Vielmehr muss man Formen finden, die aus dem Rahmen fallen, sich vom Üblichen abheben.

Dazu ein Beispiel: Unsere Stammkunden sind nach einer ‚Privileg-Analyse' gelistet. Gold-Kunden sind die, die hin und wieder – in regelmäßigen Abständen – unsere Leistungen in Anspruch nehmen; hierfür verwenden wir recht wenig Marketing-Energie.

Unsere Platinum-Kunden hingegen genießen bereits den Status der Privileg-Gäste, sprich: Sie werden mit allen Aktivitäten und Ideenwelten unseres Hauses kontaktiert und identifizieren sich voll mit dem Schloss. Der Höhepunkt sind dann die Diamond-Kunden (süffisant, aber nett gemeint auch ‚Rheinfelsianer' genannt). Dieser Exklusivkreis erreicht den Sonderstatus übrigens auch nur dann, wenn er sich mit einer Mindesteinlage von 5000 Euro an uns ‚bindet'. Natürlich wird diese Investition – je nach Einlagenhöhe und Dauer der Festsetzung – verzinst und von mir persönlich versichert. Früher nannte man solche Papiere ‚Genussscheine'. Du kannst Dir vorstellen, dass dies bei unserem Investment, die Schlosshotel-Anlage kaufen zu wollen, sehr geholfen hat. Also ein Effekt, der für beide Seiten sehr nützlich war und heute noch ist. Der Kunde legt zum einen sicher sein Geld an, genießt die höchstmöglichen Privilegien des Hauses und fühlt sich als ein Teil der Schlosshotel-Gemeinschaft. Und zum anderen hilft es uns finanziell, an der ‚Erfolgsstory Rheinfels' weiterarbeiten zu können."

„Eine der sichersten Methoden,
Aufmerksamkeit zu erregen, ist,
etwas zu tun, was vom Üblichen abweicht."
Arnold Schönberg

„Und darüber hinaus war es Teil einer riesigen PR-Kampagne! Ich erinnere mich gut daran. Da waren es ja nicht nur Deine Kolleginnen und Kollegen, die zu Dir auf den Berg hoch geschaut haben, sondern die einschlägigen Business-Gazetten haben dieser Idee öffentlich und vor allem – öffentlichkeitswirksam – applaudiert. Schließlich: Wann steht schon einmal ein Hotelier in der ‚Financial Times', im ‚Handelsblatt' oder im ‚Capital'?"

„Man sollte allerdings nicht an die Öffentlichkeit treten, wenn die Öffentlichkeit nicht hinter einem steht. Die Steigerung wäre sogar Neid – Neid im positiven Sinne, oder zumindest eine gewisse ‚Hass-liebe'!"

„Zurück in die Zukunft! Ich bin Dir bei Deinem Part der Trends und der Zukunftsagenda im Bereich Marketing sehr gern gefolgt und merke dabei deutlich, dass dies nicht mehr meine Zeit ist. Die heutigen Macher haben es in der kommunikativen und aufgeklärten Welt mit ganz anderen Kalibern zu tun."

„Sicher. Dennoch ‚Chapeau', mein lieber Werner, für Deine Leistungen und das ‚Über-den-Tellerrand-Schauen' – auch heute noch. Denn nicht viele können von sich sagen: Ich bin zwar nicht mehr aktiv, aber immer noch am Puls der Zeit.

> „Von jedem, der eine Sekunde älter und demnach
> erfahrener ist als ich, kann ich lernen."

> Horst Dausacker

Zum Schluss unserer kleinen ‚Kamingesprächsrunde' möchte ich in Stichpunktform doch noch einmal auf einige Trend-Punkte, quasi als Einschätzung meinerseits, eingehen:

- Der Online-Werbeboom wird weiter explodieren. Man sollte dennoch nicht hinter der Meute herhecheln.

- Massenwerbung verliert im Internet an Bedeutung.

- Die großen Portale verlieren an Bedeutung.
  Die Musik spielt zunehmend auf den kleinen Saiten.

- Suchmaschinen-Marketing ist das Zauberwort.

- Blogs gehören bald zum Alltag in der Gesellschaft.
  Alle sechs Sekunden entsteht auf der Welt ein Blog.

- Das postalische Mailing gewinnt wieder an Kraft.
  Elektronische Newsletter hingegen verlieren.

- Mit Geoweb wird ein neues Universum entstehen.
  Lokalisierungsfunktionen in Handys nehmen zu.

- Der Siegeszug der ‚Ambient-Medien' beginnt.

  ... ansonsten weiter ruhig Blut!' "

                    „Auf Rheinfels" – Sankt Goar
                    ———— im Oktober 2006

Sabine Dächert

(* 1970) Inhaberin der PR-Agentur max.PR, Bad Homburg.
Spezialisiert auf Unternehmen aus der Hotellerie und
dem Tourismus

11. Im Zentrum:
Öffentlichkeitsarbeit

oder:
„Es geht nicht um richtig oder falsch,
sondern um besser."

Gerd Ripp: „Liebe Frau Dächert, Sie als meine langjährige Stütze und professionelle Hilfe in puncto Öffentlichkeitsarbeit haben die ‚große Ehre', mir in meinem letzten Kapitel zur Seite zu stehen. Darauf freue ich mich. Sozusagen als Schlussakkord nehmen wir uns des Themas an, das Ihre Berufung und mein Steckenpferd ist.

Wenn wir uns in den vorherigen Kapiteln über Marketing unterhalten haben, so ist die klassische PR der Kampf um die Wahrnehmung. Ich denke, mit dieser Umschreibung können auch Sie gut leben?"

Sabine Dächert: *„Ich hätte es nicht besser ausdrücken können. Besonders wenn man einerseits berücksichtigt, dass die Hotellerie eine extreme Marktsättigung erreicht hat (und man sich wundert, dass immer noch mehr Hotels gebaut werden) und sich andererseits der Gast angesichts des Überangebots immer schwerer tut mit der Entscheidung, dann wird Öffentlichkeitsarbeit zunehmend dringender und wichtiger."*

„Nun, ich glaube, dass sich der Markt umstrukturiert und dass sich die Schere immer weiter öffnet – hin zu ‚Geiz ist geil' einerseits und auf der anderen Seite hin zu den Angeboten mit großem Mehrwert und ehrlichen Leistungen.

Im momentanen Verdrängungswettbewerb unserer Branche wird wohl die Mittelmäßigkeit mit Angeboten, die keinen Reiz im Kopf des Kunden mehr auslösen, auf der Strecke bleiben."

„Und genau deshalb ist es wichtig, dass sich diejenigen, die einen Mehrwert zu bieten haben, auch der Öffentlichkeit mitteilen. Das heißt: Gerade dann, wenn man etwas Glaubwürdiges, Authentisches und Außergewöhnliches zu bieten und zu sagen hat, gerade dann ist die Öffentlichkeitsarbeit gefragt. Viele Ihrer Kolleginnen und Kollegen meinen hier oft noch, das Beste, Tollste, Größte spräche sich von allein rund. Aber auf Mund-zu-Mund-Propaganda allein kann und sollte man sich nicht verlassen."

„Und vor allem muss man der Erste sein! Denn Nachahmer, Trittbrettfahrer und ‚Klausäcke' lauern an jeder Ecke. Ein Journalist hat mal zu mir gesagt: ‚Sieh zu, dass Du in irgendeinem Bereich ganz oben stehst – dann rühr die Trommel, was das Zeug hält! Bist Du nur Zweiter, duck dich und bleib ruhig! Dann versuche aber gleich, woanders der Beste zu werden und trommle, trommle, trommle – denn es kostet nix!' "

„Wie wahr. Die Öffentlichkeitsarbeit hat gegenüber der klassischen Werbung ja eben diesen weiteren Vorteil: Die Glaubwürdigkeit von PR-Beiträgen ist zum einen viel größer, als sich auf dem großen Friedhof der Werbeanzeigen zu tummeln, und sie strapaziert Ihren Geldbeutel nicht. Aber wem sage ich das? Mich mit Ihnen über PR zu unterhalten gleicht ja dem berühmten ‚Eulen nach Athen tragen'!"

„Nun, auch wenn ich diesen Part liebe und mir einbilde, PR-erfahren zu sein, bin ich für eine professionelle Agentur als beratender und ausführender Partner an meiner Seite sehr froh und weiß dies zu schätzen. Zum einen deshalb, weil Sie die Informationsbedürfnisse der Journalisten täglich austaxieren und zum anderen die Kontakte

Viele Zeitungen finden sich auf dem Anzeigen-Friedhof wieder

zu den relevanten Zielmedien hegen und pflegen. Und darüber hinaus wäre es fatal, der Meinung zu sein, dass das richtige Schreiben mal eben so nebenbei erledigt werden könnte.

> „Man muss öfter von sich sagen, dass man große Klasse ist.
> Die anderen tun`s nämlich nicht!

Boy Gobert

Aber noch einmal zurück zu den Kosten. Es ist natürlich nicht richtig, wenn man von 0-Kosten spricht. Eine professionelle PR-Arbeit kostet einiges. Den größten Teil – etwa zwei Drittel unseres Marketing-Budgets – stecken wir in die Kommunikation, sprich: in die Öffentlichkeitsarbeit. Und dies wird wohl auch so bleiben."

„Ich meine, dass Sie Ihre Zahlen ruhig einmal offen präsentieren sollten, damit sich die Leserinnen und Leser ein besseres Bild von Marketing-Budgets machen können."

„Ja sicher, gern. 2006 setzten wir einen PR-Betrag von 55 000 Euro im Jahr ein, wobei der Löwenanteil natürlich an Sie als PR-Agentur gezahlt wurde.

Und ich bin, wie schon seit vielen Jahren unserer Zusammenarbeit, davon überzeugt, dass sich dieser finanzielle Einsatz um ein Vielfaches mehr als in ‚Werbe-Euros' ausdrücken lässt. Zumal es beim Konsumenten ehrlicher rüberkommt als bezahlte Werbung.“

„Ja, vor allem ist eine Berichterstattung glaubwürdiger und somit nachhaltiger als jede Anzeige. Wenn sich die Kommunikation ausschließlich auf bezahlte Werbung beschränkt, weiß nicht nur der Mitbewerber, dass es Ihnen schlecht geht. Auch Ihr Kunde wird nicht unbedingt positiv über das werbende Unternehmen denken.“

„Andererseits sollte man nicht ganz unberücksichtigt lassen, dass man ganz ohne bezahlte Inserate, Anzeigen und Medien-Promotions kaum auskommen kann. Hier lassen sich eine Menge Beispiele anführen. Grundsätzlich muss man festhalten, dass es im Marketing kein Richtig und kein Falsch gibt, sondern ein Besser – an dieser Stelle kann ich nur rein subjektiv für unseren Betrieb und meine Philosophie sprechen.

Wie bereits an anderer Stelle kurz erläutert, sind unsere Marketing-Schwerpunkte in der Kommunikation gesetzt und wie folgt in verschiedene Facetten gegliedert:

- Öffentlichkeitsarbeit nach innen.
- Pressearbeit nach außen.
- Online- und Suchmaschinen-Marketing.

- Kundenstamm-Marketing.
- Kommerzielle Werbung.
- Verkaufsförderung.

Diese überaus wichtigen Tools mit ihren kreativen Möglichkeiten machen einen Heidenspaß in der täglichen Umsetzung im Markt."

„Wenn Du einen Dollar investierst, gib einen zweiten aus,
um es bekannt zu machen!"

 Henry Ford

„So, wie ich Sie kenne, haben Sie nun bezüglich Bücher schreiben Lunte gerochen; deshalb mein Vorschlag: Ihr nächstes Buch schreiben Sie über ‚Marketing in der Neuzeit' – ein schöner Titel, oder?"

„Guter Vorschlag. Es ist in der Tat so, dass es mir Spaß macht, dieses Buch zu verfassen, und dass mir insbesondere die Art des Interviewstils gefällt, wodurch sich der Erfahrungsschatz meiner Gesprächspartner dazugesellen kann.

Mit diesem letzten Kapitel wird mir immer mehr bewusst, dass noch vieles gesagt werden kann, man wahrscheinlich nie ein Ende finden wird. Vielleicht folgt ja eines Tages ein weiteres Buch mit dem Titel: ‚Kamingespräche Teil 2'!? Deshalb an dieser Stelle nun auch genug vom Ausschweifer Gesamt-Marketing."

„Kommen wir darum wieder zurück zu unserem Thema. Ich möchte sehr gern die Gelegenheit nutzen, Ihren Leserinnen und Lesern einige

grundlegende Prinzipien meiner täglichen Arbeit in der Agentur auf-
zuzeichnen, sozusagen den gefüllten ‚PR-Werkzeugkasten' öffnen.

Hier die wichtigsten Punkte in Kurzform:

Das Journalisten-ABC sollte man beherrschen:

- Faktisch, sachlich und emotionslos texten.
- Adjektive und blumigen Text vermeiden.
- Textaufbau strukturiert nach den 6 Ws:
  WER? WAS? WANN? WIE? WO? WARUM?
- Ansprechende Überschriften wählen.
- Erst in der Subline zum Kern kommen.
- Meldung in Kurz- und Langform verfassen.
- Immer Bildmaterial anbieten.

Journalisten muss man verstehen lernen:

- Ohne das persönliche Gespräch kein Bericht.
- In der Regel arbeiten sie nach Themenplänen.
- ‚Flirtkomponente' nutzen.
  Er ruft sie an / sie ruft ihn an.
- ‚Pflegen' Sie ihn kontinuierlich.
- Bauen Sie eine freundschaftliche Basis auf.
- Seien Sie vorsichtig mit ‚pampern'!

Die Internas unserer Agentur:

- Persönlicher Medien-Partner-Pool.
- Exklusivberichterstattung ist verpönt.

- ‚Schnorrer' werden aussortiert.
- Besser Ressortjournalisten kontaktieren als Chefredakteure.
- ‚Charity-Veranstaltungen': äußerst ‚trendy'.
- Eifriges Nachfassen ist Alltag.
- Die Hotellerie hat ein eher negatives PR-Image.
- PR mit Anzeigendrang strikt ablehnen.
- ‚Gewinnspiele' erzeugen großen Mehrwert.
- Transparenz zeigen in allen Fakten und Zahlen.
- Die Agentur versteht sich als Ideengeber.
- PR kann übertreiben und im Rahmen erfinden.
- PR ist keine Werbung und kein Verkauf...
- Jedes Produkt braucht ein klares ‚Gesicht'.
- ... wir haben Ausdauer.

„... und, das habe ich auch bei Ihnen gelernt: Einen Journalisten sollte man am Montag nie vor 11.00 Uhr anrufen!

„Mit kleinen Jungen und Journalisten soll man vorsichtig sein.
Die schmeißen immer noch `nen Stein hinterher!"

 Konrad Adenauer

Gleichwohl interessiert mich nun aber auch noch Ihre Meinung zu den verschiedensten Printmedien. Wo platziere ich meine ‚Storys' denn am besten?"

„Welche ‚Story'? muss hier die Gegenfrage sein. Dies ist natürlich abhängig von dem, was ich zu berichten habe.

Die „silberne Generation" kommt und gibt die Richtung vor.

Ein lukrativer Tipp sind hier wohl die Frauenzeitschriften. Man sollte sich mehr um diese Käuferschicht kümmern, denn dort schlummern die wahren Buchungsentscheider.

Und Geld ausgeben tun Frauen schon seit Menschengedenken sehr, sehr gern!

Öffentlichkeitsarbeit ist gut in der Wirtschaftspresse (Männerwelt) platziert? Von wegen! Bemuttern Sie nach allen Regeln der PR-Kunst die Redakteure der Frauenzeitschriften ... und davon gibt es massenweise!"

„Und was ist mit den ‚Alten' – 50 und älter?"

> „Ein großer Vorteil des Alters liegt darin, dass man
> nicht länger Dinge begehrt, die man sich früher
> aus Geldmangel nicht leisten konnte."

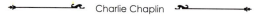 Charlie Chaplin

„Papperlapapp, die ALTEN kommen. Natürlich werden laut allen demoskopischen Statistiken die ‚50 +' Oberwasser bekommen. Fakt ist auch, dass sie viel Geld haben, jedoch geben sie dieses Geld nicht mit vollen Händen aus! Aber, wie schon gesagt: Es geht nicht um richtig oder falsch, sondern um besser!"

„Dies gibt mir am Ende unseres Gesprächs und auch am Ende des Buchs die Gelegenheit, Danke zu sagen, liebe Frau Dächert, für das Gespräch.

Und ganz ehrlich, ein wenig froh bin ich nun schon darüber, dass mein Vorhaben zum Ende kommt. Nach einer Schreibphase, die sich über ein ganzes Jahr hinzog, ist es nun auch wichtig, dass dieses kleine Werk seine Leserinnen und Leser findet."

„Auf Rheinfels" – Sankt Goar
➨———— im November 2006

Doch bevor ich ende, hier noch eine etwas dubiose PR-Geschichte zum Abschluss, die eine eigene Überschrift verdient:

DER „WELT"-ARTIKEL

oder:
Ein Hotelier am Pranger der Öffentlichkeit

„Es war einmal ein stolzes Schloss, das thronte hoch über dem lieb-
lichen Tal der Loreley. Seine Bewohner erfreuten sich tagtäglich an
der wundervollen Aussicht und lebten glücklich und zufrieden und in
Harmonie und Eintracht mit den Nachbarn.

Da kam eines sonnigen Sommertages ein Dichter aus einem fernen
Land im Norden vorbei und bat um Quartier. Man gewährte ihm
freundlich Einlass, servierte ihm vom besten Essen aus der Schloss-
küche und gab ihm ein schönes Zimmer für die Nachtruhe. Und weil
es dem fremden Gast so gut gefiel und er deshalb länger verweilen
wollte, versorgte man ihn mit mancherlei guten Ratschlägen für seine
Wanderungen und stellte ihm sogar ein Gefährt für längere Ausflüge
zur Verfügung ...“

GERD RIPP: „So weit, so gut. Bis hierher deckt sich die märchenhafte
Einleitung mit meinen Erlebnissen im Sommer 2006.

Die moderne Version:

Bei dem Dichter handelte es sich in unserem Fall um einen Journalisten der Zeitung ‚DIE WELT'. Allerdings bin ich mir nicht ganz
sicher, ob die Berufsbezeichnung ‚Dichter' nicht auch hier passender
wäre!
Der Journalist jedenfalls – noch jung an Jahren – mietete sich drei

Tage in unserem Hotel ein und fuhr während seines Aufenthaltes mit einem von uns geliehenen Motorroller durch das Tal der Loreley, um ‚für einen Zeitungsartikel zu recherchieren'. Nach den drei Tagen, kurz vor seiner Abreise, wollte er noch ein abschließendes Interview mit mir machen. In dem etwa dreißig Minuten dauernden Gespräch listete er nur seine schlechten Erfahrungen auf, die er in unserer Region gemacht hatte: schlechte Gastronomie, unfreundlicher oder mangelnder Service, ‚schädelspaltenden' Wein und so weiter.

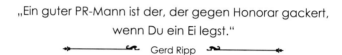

„Ein guter PR-Mann ist der, der gegen Honorar gackert, wenn Du ein Ei legst."

Gerd Ripp

In manchen Punkten, die mir bekannt und auch des Öfteren von mir schon kritisiert worden sind, musste ich ihm beipflichten. Allerdings habe ich während unserer kurzen Unterredung auch auf die vielen positiven Veränderungen hingewiesen und versucht, sein Pauschalurteil durch sehr gute Beispiele zu relativieren."

„Die Zeit ging ins Land und es begab sich, dass der Schlossherr eine weite Reise antreten musste. Da erschien eines Tages ein reitender Bote und überreichte ihm eine Papierrolle. Als der Schlossherr die darin enthaltene Nachricht las, wurde er blass. Der Dichter, den er so freundlich aufgenommen hatte, hatte ein böses Pamphlet über das Tal der Loreley und seine Gastwirte geschrieben und den Schlossherrn als Zeugen benannt. Die benachbarten Schlossherren und Wirte waren in Aufruhr und verlangten wütend Satisfaktion ..."
„Ich weilte gerade im Urlaub in Holland, als sich meine Sekretärin

mit äußerst nervöser Stimme am Handy meldete und mir riet, mir schnellstens DIE WELT zu besorgen. Als ich nach langem Suchen ‚in den Steppen von Holland' einen Kiosk mit deutschen Zeitschriften gefunden und mich mit der neuesten WELT-Ausgabe versorgt hatte, glaubte ich meinen Augen nicht zu trauen: Der so freundlich auftretende Jungjournalist hatte einen äußerst unfreundlichen Artikel verfasst, den man nur als Total-Verriss des Loreleytals bezeichnen konnte, gespickt mit Unwahrheiten (falsche Zahlen, aus dem Sinnzusammenhang gerissene Zitate und vieles mehr). Ich ahnte Unheil – und wurde durch die Ereignisse der folgenden Tage mehr als bestätigt.

Unzählige Anrufe und Mails von Kollegen, Winzern, Bekannten gingen bei mir ein. Zu Hause stapelten sich Protestbriefe und -faxe. Schnelles Handeln war also geboten. Noch aus Holland sprach ich mit der Redaktion der hiesigen RHEIN-ZEITUNG und bat um eine Stellungnahme.

Wieder zu Hause, verfasste ich gleich einen persönlichen Brief an alle, die nähere Informationen hören wollten. Bei der Fülle der Anfragen war es mir schlicht unmöglich, jede Post individuell zu beantworten.

Meine Beschwerde bei der Chefredaktion der ‚Welt' verlief allerdings im Sande. Der Journalist, der uns den Ärger ‚eingebrockt' hatte, war trotz mehrmaliger Nachfrage nicht für mich erreichbar. Und ansonsten verwies man mich auf die ‚Journalistenfreiheit', Momentaufnahmen wiederzugeben, und auf das Recht, dabei das herauszuheben, ‚was passt'. Argument: Schließlich könne ja in einem ‚kleinen' Artikel nicht alles Gesagte wörtlich wiedergegeben werden!
Im Tal kehrte mitnichten Ruhe ein. Im Gegenteil: Das Thema kochte

weiter hoch! Es war klar: Ein Ventil für Volkes Zorn (und auch für meinen!) musste her!"

"Wer in der Öffentlichkeit Kegel schiebt, muss sich gefallen lassen, dass nachgezählt wird, wie viele er getroffen hat."

 Kurt Tucholsky

"Da der Schlossherr seinen guten Namen und auch den seiner Nachbarn und Freunde wiederherstellen wollte, verlangte er Genugtuung von dem Dichter. Und so trafen sich die Kontrahenten schließlich zum Duell im Morgengrauen ..."

"Nun, im Morgengrauen trafen wir uns nicht, und Pistolen und Degen waren auch nicht im Spiel. Vielmehr kam es zu einem Rededuell. Durch gute Kontakte zur SWR-Moderatorin Beatrix Reiss erreichte ich eine Konfrontation mit dem Hamburger Journalisten in der Sendung ,Reiss trifft ...'.

Zwar wurde es nicht das von mir favorisierte Zwiegespräch. Aber das war vielleicht auch gut so. Denn dem Verfasser des WELT Artikels wurde durch einige Zuschauer, den Landrat, die Verkehrsamtsleiterin und mich natürlich ganz schön die Hölle heiß gemacht. Und da die Sendung, von den regionalen Gazetten mit der Überschrift ,RIPP trifft WELT-Redakteur' angekündigt, live übertragen wurde, fungierte sie dann schließlich auch als eine Art ,Wiedergutmachung'. Mehr noch: Durch sie kamen wir zu einer kostenlosen PR, wie man sie nicht besser hätte planen können. Nach der Sendung stand nämlich abermals unser Telefon nicht still – dieses Mal allerdings von Anrufern, die Prospekte und Informationsmaterial von unserem Hotel anfordern wollten!

So wurde aus den anfänglichen Negativschlagzeilen eine ordentliche positive Öffentlichkeitsarbeit."

„Nachdem der Ruf des Schlossherrn durch das Duell, das zum Glück für alle Beteiligten unblutig endete, rehabilitiert war, strömten Leute aus nah und fern herbei und jubelten ihm zu. Alle wollten das wunderschöne Schloss sehen und als Gäste bleiben. Und so waren am Ende alle glücklich und zufrieden – bis auf den Dichter, der sich verschämt von dannen schlich ..."

„Das war das erste Mal (und wird hoffentlich auch das einzige Mal bleiben), dass ich – als alter PR-Hase – einem Journalisten auf den Leim gegangen bin.

Dem ist nichts hinzuzufügen außer der Warnung an eventuell Nachahmungswillige, auf keinen Fall gezielt Negativschlagzeilen zum Zwecke der Eigen-PR zu provozieren, denn eine Garantie für das Gelingen gibt es nicht."

„Welt" bringt Gastronomie in Rage

Reisebericht in der überregionalen Tageszeitung stellt dem Tourismus ein mieses Zeugnis aus – Heftige Reaktionen

„Deutsche Orte – Verkaufte Schönheit"

aus: Die Welt vom 27. Juni 2006

von Thorsten Thissen

... Die Aussicht ist atemberaubend. Doch der romantische Mythos der Loreley verliert sich zwischen holländischen Wohnwagen und wandernden Seniorengruppen.

... Der Fluß fließt mächtig-breit durch seine Kathedrale. Links und rechts bilden Schiefersteilwände die Gewölbe, und aus den Weinbergen steigt der Nebel wie Weihrauch. Auf einer Anhöhe wacht die graue Burgruine, drohend über den tief im Wasser liegenden Schiffen. Sie fahren an in den Hang gebauten Städtchen mit geduckten Häusern vorbei und werden von Güterzügen am Ufer überholt ... Eine Märklin-Landschaft: Deutschland.

... Die Loreley ist ein rotbrauner, unförmiger Klotz, der in den Fluß ragt und ihn verengt ... seine Schönheit in die ganze Welt verbreitet und die Gegend zu einem der ersten Massentourismusziele der Welt machte.

Schädelspaltender Wein stößt sauer auf

Gastronomen, Winzer und Tourister der Region üben Kritik – Wir fragen nach Ihrer Meinung

MITTELRHEIN. Keinerlei Verständnis für die Reportage hat Touristikerin **Claudia Schwarz** vom Tal der ... **Doris Gawel** vom Bellevue-Rheinhotel in Boppard sieht die Leistungen in der lokalen Tourismusbranche ... tors – er hat nicht in allem Recht. Vor allem fehlt dem Bericht der Ausgewogenheit. Es gibt ... Den „sauren, Schädel spaltenden Wein" hat der mehrfach prämierte Winzer ...

... an seinem Fuß stehen holländische Wohnwagen ordentlich in einer Reihe. Zwischen ihnen gähnt ein dickbäuchiger Mann mit vielen silbernen Haaren auf dem Rücken.

... St. Goar liegt auf der anderen Rheinseite. Hinter einer langgezogenen Kurve hält die Regionalbahn und spuckt fünf Leute aus.

Die goldenen Schreibschriftbuchstaben des Orts-schilds aus den Fünfzigern glänzen matt, zwischen den Betonplatten des Bahnsteigs blüht das Unkraut, vom ehemaligen Haus des Bahnvorstehers blättert die Farbe, der Putz bröckelt ...

... Die Burg ist ein „Romantik Hotel" mit Tagungs-räumen und einem Wellnessbereich. Der Eigentü-mer des Hotels ist Gerd Ripp. Herr Ripp ist 49 Jahre alt, raucht Zigarillos, hat schütteres Haar und trägt eine randlose Brille. Ein Hektiker ... ist nach eigener Einschätzung die meistgehaßte Person im Loreleytal.

... „Warum denn nur, Herr Ripp?"

Postkarten-Idylle am Mittelrhein: Der Schein trügt, denn im Tal der Loreley liegt in der Gastronomie- und Tourismus-Branche einiges im argen. Eine Veröffentlichung in der Welt hat die Kritik neu angestoßen. ■ Foto: Werner Dupuis

... Und dann erzählt er davon, wie er alles besser machen wollte. Dem Tourismus hier eine neue Perspektive geben. Weg von den Bussen, weg von dem Nepp, dem billigen Fraß, den sie hier auftischen, der seit Jahrzehnten schon Mägen verdirbt, dem sauren, schädelspaltenden Wein. "Ich habe mir die Hacken abgelaufen, war in allen Fremdenverkehrsvereinen im Vorstand, um den Leuten hier klarzumachen, daß sich die Zeiten geändert haben." ... Herr Ripp sagte seinen Kollegen, dass man nur mit Qualität Kundschaft an den Rhein ziehen könne ..., ihnen deutlich gemacht, daß die Zeiten der Abzocke vorbei sind, und Vorschläge unterbreitet, was man wie verbessern kann. Doch das alles wollten die Leute hier nicht hören", sagt er ...

... Herr Ripp hat das ganze Jahr über geöffnet und ein volles Haus, während im Ort von Oktober an die Bürgersteige hochgeklappt werden. Und selbst in der Hochsaison gehen in St. Goar abends um neun die Lichter aus ... Herr Ripp fügt noch hinzu, daß es diesen Rhein-Urlaub der fünfziger Jahre nicht mehr gebe ...

07/25/9/1987.html

Schädelspaltender Wein stößt sauer auf

Gastronomen, Winzer und Tourister der Region üben Kritik – Wir fragen nach Ihrer Meinung

Der Loreley-Felsen liegt 193,14 Meter über Normalnull. Der Aufstieg über ausgetretene Felstreppen führt zum Ausflugslokal „Berghotel Loreley" … Der Umsatz läuft zur Zeit „eher schleppend", wie Christa Kesser sagt. Für ein paar Minuten hat sie sich vom Buffet losgerissen, nimmt auf einem ihrer weißen Plastikstühle Platz und ordnet mit geübten Händen die weinrote Plastiktischdecke mit Spitzen im Häkellook.

… Essensduft lockt aus dem überdimensionierten Speisesaal, für dessen Bestuhlung die Familie irgendwann in den Siebzigern Kiefer mit hellgrünem Samt gewählt hat. Früher stand das ganze Felsplateau voller Bierbänke, und wenn damals die Sonne unterging, erhellten Fackeln den Felsen und man blieb bis tief in der Nacht. Heute riskieren die Gruppen nur noch einen Blick hinunter auf den Rhein …

…Es gibt einen Automaten auf dem Felsen. Er ähnelt einer Parkuhr und für einen Euro sagt er das Heine-Gedicht auf: "Ich weiß nicht, was soll es bedeuten ..." Der Automat lispelt. Die Aussicht ist atemberaubend.

Ein Nachwort

In seinem Vorwort zu diesem Buch hat Gerd Ripp die Richtung vorgegeben: Ein einfaches Buch schreiben, quasi eine Handlungsanleitung für Menschen, die beruflich in Entscheidungsprozessen stehen und sich als dienstleistungsbereite Unternehmer Tag für Tag mit der belastenden Vielfalt der großen und kleinen Sorgen und Nöte, Hindernisse und Unzulänglichkeiten auseinandersetzen müssen. Alles sollte, so die Vorgabe von Gerd Ripp, in der Form kurzweilig, verständlich, leicht zu lesen sein und in der Quintessenz den Leser zum Nachdenken anregen.

„Gegen den Strom zur Spitze" ist ein nicht immer klar erkennbares, dennoch eindeutiges Plädoyer, dem sogenannten Zeitgeist mit einer gehörigen Portion Skepsis zu begegnen, nicht um jeden Preis mit den „Leitwölfen" zu heulen und sich vor allem die eigene Individualität zu bewahren. Es ist gewiss kein Buch „mit sieben Siegeln", also unverständlich, nicht durchschaubar oder geheimnisvoll, um mit Goethe zu sprechen: „Mein Freund, die Zeiten der Vergangenheit sind uns ein Buch mit sieben Siegeln!" Mitnichten!

Aus eben dieser bewahrenden Vergangenheit heraus gewinnen die Dialoge in diesem Buch ihren besonderen Reiz, auch durch die Ripp'sche Auswahl der gewollt unterschiedlichen Partner für die „Kamingespräche". Manchmal tut sich der „Gastgeber des Jahres 2005 in Rheinland-Pfalz" mit dem Einstieg etwas schwer und es holpert dann gleichfalls bei seinem Gegenüber, aber es ist und bleibt immer lesenswert. In seiner Grundhaltung ist Gerd Ripp – und das ist für mich ein erkennbarer „roter Faden" – ein weltoffener, liberal geprägter Konservativer (nicht politisch gemeint!), der sowohl geschäftlich als auch privat an Bewährtem festhält.

Und der nach mehr als 20 Jahren als Geschäftsführer des Hotels Schloss Rheinfels im März 2003 seinen eigenen Traum mit viel Mühen und schmerzenden Klimmzügen Wirklichkeit werden ließ: Eigentümer des Hotels, das nun seit 2005 zur renommierten, weltweit bekannten Gruppe der „Romantik Hotels & Restaurants" gehört. Damit schließt sich für Gerd Ripp der Kreis des Bewahrenden – in einem Gebäude-Ensemble, dessen Ursprünge sich auf das Jahr 1245 datieren lassen. Oder wie es irgendwann mal ein moderner Werber überschwänglich getextet hat: „Rheinromantik von der höchsten Zinne bis in die lauschigste Nische". Das ist nun mal nix für den heutigen Zeitgeist, der (nach Ripp) „in die Irre führt".

Fachleute aus dem gastgebenden Gewerbe, aber auch Marketing-Menschen, Event-Beflissene, T.Q.M.-Spezialisten und Öffentlich-keits-Arbeiter finden in diesem Buch, oft etwas versteckt, nützliche Hinweise für die eigene Denk-Arbeit. Kein Wunder, denn der 1981, also mit gerade mal 24 Jahren in die Fachwelt entlassene, damals jüngste Hotelbetriebswirt Deutschlands, gelernter Koch und Kellner, ist bis heute ein ständig Lernender geblieben. Das gilt auch für seinen steinigen „Hürdenlauf" im Umgang mit Behörden und anderen, nennen wir sie mal „Verhinderer". Das alles hat summa summarum 26 Jahre gedauert, denn im Mai 2007 wird der aus Kerpen (!) im Rheinland gebürtige Vollblut-Hotelier 50 Jahre alt/jung (!). Das den Lesern dieses Buches kundzutun, gehört zur Chronistenpflicht. Im Übrigen: Gerd Ripp ist bekennender „Bareissianer", das klingt bis heute vielfach in ihm nach, liegt aber bereits eine Generation (1975/76) zurück. So ganz nebenbei ist er auch noch zum Kommunikations-Trainer herangereift (1997/98) und hat sich dem Zaubern (Magischer Zirkel Deutschland) verschrieben.

Ein Satz von Antoine de Saint-Exupéry soll diese laudatierenden Zeilen beschließen: „Um klar zu sehen, genügt oft ein Wechsel der Blickrichtung."

Gert E. Boness

DANKE*

* Leo**Hau**Jochem**Eylardi**KlausPeter**Fiebig**
Vera**Haueisen**Angelika**ReinemannKlees**
GertE**Boness**Regine**Schienbein**HansJürgen
HeinrichHeinz**Mühl**Wolfgang**Kuhn**Stefan
NiemeyerWerner**Treichel**Sabine**Dächert**
Petraund**Michèle**…

BITTE*

TSCHÜS*